家庭にしのびよる“うつ”に負けない！

悩めるママとカウンセラーの家族をみつめる旅

家族支援カウンセラー
森 薫

学びリンク

はじめに

苦戦する家族が増え続けています。

家族を取り巻く環境は経済的・精神的に年々厳しさを増し、そのために子どもを生む人が激減し、少子化の勢いも止まりません。

その背景にあるのが、新自由主義が生みだした格差社会であり、ストレス列島とも呼ばれるストレス社会の広がりです。

なぜ苦しいのか、心が折れてしまうのか、すべてを自分の責任として背負い込むのはやめましょう。

「自分に能力がないから、こんな目に遭うのだ」「自分の努力が足りないから、苦しむのは当然だ」と自分を責めるのは、負のスパイラルに自らはまってしまうことになり、〝うつ〟をすぐ近くに引き寄せてしまうことになります。

自分たちを苦しめているものの正体が少しでも理解できると、心は随分軽くなります。

家族が幸せになるための〝家族のトリセツづくり〟には学びが欠かせません。

私は精神科医でもなく、学者でもありません。しかし、50年近くを苦戦する家族と共に歩み、ここ十数年は家族支援カウンセラーとして、家族の苦しみを受け止めながら、共に幸せ探しの方法を模索してきました。その過程で学んだもの、身につけたもの、そして願いが、この一冊に込められています。


この本は、三児の母である「明恵さん」と私・森薫が、「家族のトリセツ」をつくるための旅に出る物語をベースにしています。身の回り、子どもを取り巻く環境、他の家庭、そして自分の家族の特性を、一歩引いた視点からみつめていきます。

自分たちを苦しめているもの、「家庭にしのびよるうつ」の正体を客観的に捉え、それに負けない力を身につけるための旅です。

明恵さんや周りの家族のお話にご自身を重ねながら、ぜひ肩の力を抜いて読み進めてほしいと思います。

〝You are OK〟

もくじ

第2章　いじめ・不登校・ひきこもり　子どもを取り巻く環境

第3章　家族の葛藤　家族もいろいろ、悩みもいろいろ

第4章　ST気質とST家族　「問題」ではなく「スペシャル」

第5章　〝うつ〟をはね返す力

家庭にしのびよる〝うつ〟に負けない！

主な登場人物

山尾家の母　明恵
40歳。3児の母。ワンオペの家事育児、息子の不登校など、最近ストレスが絶えない。明るい性格でおしゃべり好きだが、思ったことをはっきり言ってしまいがち。

森薫
家族支援カウンセラー。50年以上にわたり、のべ1000組以上の家族を支援してきた。

山尾家の次女　桜
2歳。活発で遊ぶことが大好き。

山尾家の父　正邦

41歳。金融系システムエンジニア。仕事ぶりは評価されているが、仕事柄残業、休日出勤も多い。

山尾家の長女　あゆみ

高校1年生。吹奏楽部に所属。家族思いの優しい性格。最近、家庭の雰囲気がギスギスしていてちょっとうんざり気味。しっかり者で、友達も多い。

山尾家の長男　博

中学2年生。野球部に所属。現在、学校に行っていない。真面目で正義感が強い。目標にしている選手はイチロー。

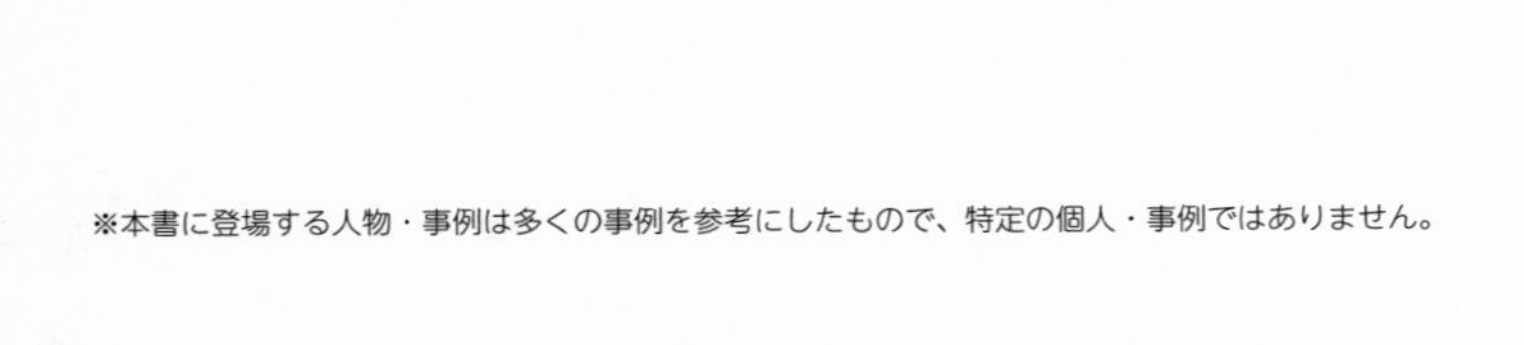

※本書に登場する人物・事例は多くの事例を参考にしたもので、特定の個人・事例ではありません。

プロローグ　～山尾家の朝～

博!
遅刻するよ!!
ドンドン
今日も学校休むつもり!?
頭痛い…明日は行く…
昨日もそう言ってたじゃない!!
うるせーな!! ほんとにキツいんだよ!!
もうほっといてくれよ!!
ムキー
母親に向かってなんて口きくの!!
中2にもなって情けない!
高校に行けなくなっても知らないよ!!
……
まったくもう…!
行ってくる
ちょっと!! 朝ご飯は!?

食べてる時間ない
からいらない
せっかく作ったのに！
今日帰りは？
いつも通り
また遅いの!?
たまには早く
帰ってきてよ!!
むっ
あー遅刻する！
もう行くから!!
バン
むっかー
ってもう
こんな時間！
桜送らなきゃ
ブー
ブー
お母さん
いってきまーす
はーい
いってらっしゃーい
うぁ～～ん!!!
ハイハイ！
おむつね！
ドタバタ
ドタバタ
洗い物…
時間ないや！
はい！
いくよ！
よろしくおねがいしますっ!!
うわ～～ん!!

た……
ボロッ
ただい…
ま…
ごちゃ…
洗い物しなきゃ
あと洗濯も
博の学校に休みの連絡入れなきゃ
もうほっといてくれよ!!
遅刻する! もう行くから!!
ぽろっ
どうしてこんな風になっちゃったの?
家事も育児も今まで一生懸命頑張ってきたのに
まだ努力が足りないの?
でも…これ以上どうしたらいいの?
ぐすん

ぐすっ
ぐすん
うと
うと
スヤァ…
はっ
ふわ――っ
えっ!!?
すや…
なに!?
どうしちゃったの
私の身体!?
死んじゃったの!?
そうだ夢だ!
これは夢だよね!?
アタ
フタ
夢では
ありませんよ!!
えっ?

ギャー
はっはっはっ
だっだっだ
だれ!!?
ザザッ…
私は
家族支援カウンセラー
森薫と申します
この家から強い
"うつ"の気配を感じて
いてもたってもいられず
私も幽体離脱して
あなたのもとへ
かけつけたのです
カウンセラー?
うつ??
幽体離脱???
でっでも私
病気でもないし
健康体だし…
今朝のあなたの様子
見させていただきました
強い"うつ"がしのびよって
いるのが私には見えます
とにかくっ
元に戻らなきゃ
まだ あれも
これも 何にも
できてない…!!
パニック
パニック

まあまあ落ち着いて!
ケーキと紅茶でもいかがですか?
…おいしそう…
ぱくっ
おいしい…
こんなにゆっくりおやつを食べるの久しぶり…
幽体でも食べれるんですね…
もぐ
もぐ
ちょっと落ち着いてきましたか?
…少し
こんな風に落ち着いて今の自分をみつめるってとても大切なんです
……
あなたはきっとこれまでとっても頑張ってこられたんですね…
よかったら話を聞かせてくれませんか?
…
博が…息子が学校に行ってなくて前までは元気に行ってたんです部活も頑張っていて…
そうだ!部活といえばこんなことがあって…
うんうん

第1章

ストレスと〝うつ〟

本当に「私のせい」？

1 経済的ゆとりの喪失

野球部の合宿費用が3万円!?

お知らせ

「保護者の方にもお茶当番として宿泊を」…

ってことはプラス2万円…

あとあゆみの夏季講習に3万…

とても首がまわらない!!

ねぇ聞いて!
博の合宿なんだけどこんなにかかるの!

……

聞いてるの!?

聞いてるよ!

なら返事くらいしてよ!!

そんなこと言ったってどうすりゃいいんだよ

うちだって業績悪いし次のボーナスだって危ういんだよ…

はぁ〜…

ぜいたくしなけりゃなんとかなるだろ!!

なんなのその言い方…

子どもも産まれてから欲しい化粧品も服も私全部ガマンしてるんだよ!?

俺だって毎日必死に働いてるんだぞ!
自分だけガマンしてるみたいに言うなよ!!

何をするにもお金がかかるし、私だって切り詰めているのに…。こうやって、いつも不満をぶつけてしまいます。

ご自身のほしいものを我慢して、子どものためにやりくりをしようとされている。お辛い状況だと思いますし、心の余裕もなくなってしまいますよね。ここでちょっと視点を変えて、日本の経済の変化を見てみましょう。

森薫の**解説**

21世紀になって、子どものいる世帯の収入は約36万円、高齢者世帯でも23万円も減少し、生活にゆとりがなくなってきています。貧困化が進み、世帯年収が200万円以下の貧困層が約5分の1を占めるようになり、2017年にOECDによって発表された調査によると、日本の相対的貧困率はOECD加盟国35カ国中7番目に高く、G7中では米国に次いでワースト2位という高率です。子育て世代の女性の7割が働かなければ暮らしていけないのが現実なのです。

〝貧すれば鈍す〟と言いますが、経済的なゆとりがなくなれば、心のゆとりもなくなってきます。自分が生きることに精いっぱいで、人の心配をしたり、世話をする余裕などなくなるからです。気持ちが受け身になり、陽気さが失われ陰気が強まる。心身の免疫力が低下して、ストレスを溜めやすくなるのです。

かつて、20世紀末までは、夫一人の働きでも家族を養うことが可能でした。しかし、小泉政権以降の新自由主義経済の広がりによって、妻もフルタイムで働かなければ家計を維持することができない時代が訪れました。にもかかわらず、支出を切り詰めても貯蓄ゼロという家庭が増え続けているのです。

労働者の4割が非正規雇用であり、病気にでもなれば、最低限の生活さえ維持できなくなります。一部の大企業・公務員の家庭を除けば、いつでも家庭が崩壊の危機にさらされているのです。未来に向けての幸せ展望も抱けず、常に貧困とコインの裏表のような生活を強いられていると言えるでしょう。セーフティーネットがはぎとられた綱渡りの状態なのです。お母さんもお父さんも、心身共に疲弊しきってしまっても無理はありません。

そんな社会のピリピリとした空気は、家庭の中にも押し寄せ、子どもにかける教育費の高騰もあって、家族全体から笑顔を奪ってしまいます。余裕のない心理は、受容的コミュニケーションから、指示的・要求的コミュニケーションとなり、容易に、攻撃的・脅迫的コミュニケーションへと転化します。

受容的コミュニケーション

指示的・要求的コミュニケーション

攻撃的・脅迫的コミュニケーション

今日は早くくるって言ったよね？
なんでできもしないこと言うの？

最も労りあわねばならない家族が、経済的余裕の欠如からコミュニケーションがかみ合わなくなりお互いが最大のストレッサーになってしまうのです。

今家庭から笑顔を奪っている最大の原因は、新自由主義経済化における格差の増大と言えるのではないでしょうか。

頑張っているお父さん、お母さんが、全責任を負う必要はないのです。

もう、今の社会全体が余裕がない、ということなんですか…。

そうです。そして今の明恵さんのように、事態を冷静に捉える感覚はとても大切なのです。

残念なことに経済状況は一朝一夕に好転するものではありませんし、一国民がどうにかして変えられるものではないですよね。

その上で親御さんたちにできることは、その社会のありようを冷静に見つめ、「今の自分にできること」に集中することではないでしょうか。仕事に行く、食事を作る、子どもの世話をする…。そしてそれを「よくやってるね」とねぎらってあげることだと思います。

なるほど…。でも、ねぎらうも何も、話をしようとしても夫はいつも心ここにあらず。なかなか取り合ってくれないんです。この前だって…。

2 家庭経営力の不足

博が学校に行かなくなってもう2週間…
博のことで話したいんだけど…
ちょっと待って今手が離せない
スマホでゲーム中
手が離せないってゲームじゃん!!
あと少しでクリアできるから!
いい加減にして!!
子どもとゲームどっちが大事なの!
そうやってギャーギャー言うからイライラするんだよ
うるさいなー
1人じゃ限界…
力を貸してほしいのに
話を聞くことすら
できないの？
結局最後は
自分の意見を通すくせに
俺の言うことなんか
聞かないじゃないか

こちらが話し合おうとしても、いつもこんな風になってしまって…話にならないんです。

話を聞いてくれる姿勢さえも見せてもらえないとなると、こちらのストレスは溜まる一方ですよね。しかし、実はここにも、家庭や父親の在り方の変化が関係しています。

森薫の解説

今、家族の形態は、圧倒的に夫婦を単位とした核家族が中心です。そして、基本的には夫が世帯主となり、家族を経済的に支える役割を求められています。

かつては〝男は仕事〟〝女は家事・育児〟という性別分業が幅をきかせ、夫たちの地位を守るシステムが幾重にも張りめぐらされていたものです。夫が少々酒癖が悪くても、コミュニケーション能力に問題があっても、経済的に家族を支えることができていれば、妻は自分に経済力がないこともあって、「男はそういうものだ」と、寛容に対応したものでした。

また、「一旦嫁いだならば一生添い遂げるのが当たり前で、二度と家には帰れない」という男性に都合の良い結婚観に縛られて、家庭の崩壊が防がれたのではないでしょうか。

しかし、今は大家族制の時代とは違い、家庭内のどんな些細なことでも対等に夫婦で話し合い、力を合わせて解決していかなければなりません。家族がサポーターを失い、孤立している中で、自己決定・自己責任能力を求められる度合いは、かつてよりはるかに大きなものになっていると言えるでしょう。

夫たちは、かつての男性優位の時代のように、「メシ！」「フロ！」「ネル！」と威張っていれば済む時代ではありません。男たちが家長としてワンマンでいられた家族制度はもはや淘汰されたと言っていいでしょう。

核家族時代の夫婦に必要とされる力は、お互いに内なる思いを伝え合うコミュニケーション力、問題を解決するための作戦会議力、そして、役割分担に基づく誠実な行動力です。もっと言えば、〝作戦会議〟と〝役割分担〟が、家族経営力の両輪ということになるでしょう。

ただ、わが国では長い間、男性に対して〝沈黙は金〟〝男は黙して語らず〟〝男は言葉ではなく背中で示せ〟など、内なる思いをしまい込むことが〝男の美学〟だと要求されてきました。ゆえに、高倉健や渡哲也などが男らしさの象徴としてリスペクトされてきたのでしょう。

しかし今、男性を取り巻く環境は激変しています。女性たちは、背中よりも言葉で愛情を表現してほしいと願っています。出会ってから結婚するまでの間だけでなく、結婚後もずっと、言葉での愛情表現を求めているのだと思います。

にもかかわらず、男性たちは結婚してしまうと「釣った魚には餌はやらない」とばかりに、愛情表現に消極的になりがちです。これでは女性たちを〝もらえない症候群〟に追いやってしまうのは当然のことと言えるでしょう。

今、若い男性たちは少子化の中で、母親の手厚い庇護の元に大事に育てられ、自分の身の回りのことさえできない人たちが増えています。選択・決定・責任のすべてを母親に委ね、生きるために欠かすことのできない自立力を奪われてしまっているのではないでしょうか。

日々、難問の降りかかる生活のパートナーとしては、力不足だと言えるでしょう。

経済力がない
共感力がない
コミュニケーション力がない
家事能力がない
自分の母親から自立できない

こんなパートナーでは、女性たちのストレスは強まるばかりでしょう。3組に1組が離婚する時代ですが、今のままではこの割合は増えこそすれ減ることはないと思います。

私は常々、夫婦双方ともに〝おかげさま〟〝ありがとう〟が言えたら、離婚は防ぐことができると言ってきました。この簡単そうな言葉を自然に発することができない男性たちが相変わらず多いのです。男の沽券にかかわるという思いが邪魔をしてしまうのでしょうか。

家庭を取り巻く環境の変化についてこれず、相変わらず「言葉に出すのは男として気恥ずかしい！」と成長が止まっている男性は時代遅れで、家庭経営力に問題ありと言われても仕方ないでしょう。

〝ありがとう！〟の言葉が聞こえない家庭は、〝うつ的気分〟が広がり、危機をはらむことになるのです。

裏を返せば、毎日の家事・育児に追われ、疲労しストレスを溜めている女性にとって、一言「いつもありがとう！」と言ってもらえるだけで疲れも吹き飛び〝うつ的気分〟から抜け出すこともできるのです。

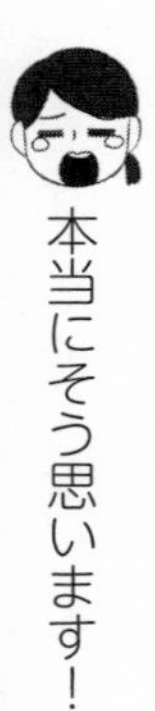

本当にそう思います！

これはお母さんにも、お父さんにも言えることです。仕事に追われストレスを溜めて帰ってくるパートナーに「お疲れ様」「いつもありがとうね」といった声掛けがあれば、感謝の連鎖が少しずつ生まれていくはずです。「ねぎらう」と言うとたいそうに聞こえますが、こういった小さな感謝の積み重ねはきっと親子や夫婦の関係を変えていってくれますよ。

確かに、「ありがとう」なんて、お互いに全然言い合ってないかも…。それどころか、お互いいつも責め合っているかもしれません。そうそう、思い切って博の話をした時も…。

3 サポーターの喪失

は、はい…
分かりました
申し訳ないです

ついに学校から
呼び出し…
先生は学校に
来させろって
言うだろうけど
あぁ、誰かに
相談したい…!

ママ友?

いや、病院?
何科……?

やっぱりもう
言わなきゃ

明日さ
仕事休めない?

なんで?
急は無理

博のことで学校から
呼び出しがあったの

え!?

何かしたのか?

もう3週間くらい
学校に行ってないの

……

え!!

不登校ってこと!?

最近朝起きて
来ないでしょ…
何にも気づいて
ないんだから

む…

は――…

**そっちこそ家に
いる時間長いのに
何してたんだよ!!**

**家に全然いない人が
よくそんなこと
言えるよね!!**

高校は…
将来は
どうするんだ

普段から家のことは任せっぱなしなくせに……！　その上、まるで「母親失格」のようなことを言われて……。私の育て方に問題があったのかもしれないけど、もう誰に相談したらいいのか……。

すべての問題が自分のせいのように感じられてしまうのですね。でも、それは無理もないことかもしれません。

森薫の解説

かつての家庭には、さまざまなサポーターがいて、家族のすれ違いや危機の深刻化を防いでくれたものです。地域挙げてのサポートもあれば、親類・縁者の協力も得ることができました。仲人やお寺の僧侶・神社の神主たちはカウンセラーとしての役割を、名付け親・乳母・幼なじみなどには、具体的な子育て支援を期待できるなど、幾重にもセーフティーネットが存在したのです。

子どもに何かあれば、地域総ぐるみで知恵を貸してくれました。家族の誰かが入院でもしようなら、見舞いと激励が殺到し、入院費の工面においても相互扶助が成立していたのです。

確かにその助け合いをうっとうしく感じることも多かったと思いますが、いざという時のセーフティーネットが重層的に存在することで、離婚の危機を乗り越えることができたり、子どもの思春期にストレスを深めたりせずに済んだのではないでしょうか。

また、経済的な危機に見舞われた時には、親戚・兄弟からの貸し借りも、それほど特別なことではなく、子どもたちを路頭に迷わせることから防ぐことができたのではないかと思います。

わが国では、戦後70年にわたって人口の都市への流入が続き、核家族化が進んで家族の規模が縮小するにつれ、家族が孤立化の度合いを強めてきました。家庭内のことについては、サポーターに頼らず、夫婦のみの責任において選択・決定せざるを得なくなったのです。

夫婦関係がぎくしゃくし始めた時に、双方の言い分を聞いてすれ違いを調整してくれる人もいないために、夫婦関係が煮つまってしまって、思わぬ破局を迎えることも多くなっているようです。

サポーターを失った家庭は、今、ストレスの温床となっているのではないでしょうか。

特に、シングルマザーの家庭の孤立感は大きなものがありそうです。〝うつ〟という病理に、いつ支配されてもおかしくはないと思われます。

周囲を見渡しても、信頼できるサポーターがおらず、自分たち家族だけで解決を目指さなければならないとすれば、気持ちも沈んだものにならざるを得ないでしょう。

内なる怒り・哀しみという否定的感情は、人に聴いてもらって吐き出すことができれば、それだけで楽になります。15分だけでも黙って耳を傾けてくれれば、気持ちはぐっと落ち着き、自分への振り返りもできるようになるのです。感情のコントロールができなくなって、思わぬ形で周囲の人を傷つけずに済みますし、自分も傷つかずに済みます。

一旦飛び出した激しい言葉は独り歩きをし、発した側は忘れても、傷つけられた側の心の傷は簡単には癒せません。恨みの感情として蓄積され、相手に対する否定的感情として思わぬ時に爆発したり、傷つきが深くて〝うつ〟に追い込まれることも少なくないのです。

早めに〝助けて！〟〝教えて！〟と発信できれば、ストレスも溜まりません。

家族がだめでも、とにかく自分の外へSOSを送るのが大切なんですね。

その通りです！　明恵さん、近くに気軽にお話ができるお相手などいらっしゃいますか？

そうですね、ママ友は何人かいます。お互いに情報交換をしたりはするんですけど…。

4 あふれる情報

ある昼さがり―
ねぇ聞いた？
篠田さんとこ株で一千万儲けたんだって
え～～～!?
旦那さんがその道のプロなんだってさ
へぇ～…
そういえば私にも毎日のように投資勧誘のメールが来るんだよね…
私は「オーガニック化粧品の代理店やらないか」って勧誘が来たりするわ…
自分で検索しても広告ばっかり出てくるしね…
うんうん！
とにかく情報が多すぎるって感じるわ…
本当に何を信用したらいいのか分からないね
そうそう！
それもストレスになるよね…
と言いつつ、SNSをつい何時間も見てしまう…

検索をしてもどの情報を信じれば良いか分からないし、ネットニュースを開けば大量の広告が流れてくるし…。情報がたくさんありすぎませんか？

おっしゃる通り。現代人は、情報化社会ならではの疲れにさらされていると思います。

森薫の解説

今、家庭内のストレスを増大させるものの一つに、家族をシャワーの如く襲ってくる溢れるほどの情報があります。

かつて家庭内には、限られた地域の情報しか入ってきませんでした。近所同士のたわいもないおしゃべり、商店の店先での会話、親戚の集まりなど、限定されたものだったと言えるでしょう。それが、戦後、ラジオ・テレビの普及によって、一気に情報が拡散したのです。

しかしそれでもまだそれは一般的な情報であり、自分とその情報を比べて、自分だけが取り残されているという焦燥感に突き動かされることは少なかったのではないでしょうか。

ところが、インターネット社会が広がり、更にスマホが普及することによって、全国どこにいても一瞬のうちに手に入れたい情報が手に入り、ほかの人には知られずに特定の個人ともつながれるようになったのです。

しかしその情報は、真実を正しく伝えるというよりは、人々の射幸心をあおったり、自分だけが時代に取り残され損をしているような気持ちに追い込むような、刺激の強いものになっているのです。

「平凡につましく生きるより、刺激的で快楽的な生き方こそが、あなたにふさわしい」「我慢してどうするのですか。今を楽しく生きなくてどうするのですか?」「あなた以外の人たちは、みんなもう行動を起こしていますよ!」「さあ、人生を取り戻しませんか?」

繰り返し繰り返しシャワーのように情報を浴び続けると、いつか思考は停止してしまいます。一種の洗脳と言えるでしょう。

選択肢が一つしかなければ、その選択・決定はストレスにはなりません。選択肢が増えれば増えるほど、選択したとしてももっと別な選択があったのではと後悔することも増えるのです。

今、結婚外の恋愛やセックスを、これでもかこれでもかとあおり立てる情報が氾濫しています。雑誌・インターネット・出会い系サイトでは、不倫をするのがおしゃれな生き方で、不倫ひとつできないのでは時代遅れだと言わんばかりです。不倫体験者が女性の70%もいるなどの情報に接すると、どこまで本当かなと思いながら、心穏やかではいられなくなるのも仕方がないかもしれません。

子どもや家庭を守ってつましく生きていることが時代遅れであり、自分だけが損をして取り残されているような気にさせられてしまうこともあるのではないでしょうか。

性の侵略だけでなく、大量生産・大量消費を基本とする資本主義経済は、家庭を第一のターゲットとして、強引な物的侵略をしかけてきます。その侵略をはね返すことは並大抵のことではありません。魅惑的で刺激的なCMから目を背け、経済的な理由から、利便性の高い電化製品や、自分を美しくする化粧品の数々を遠ざけなければならないとすれば、それはそれで大きなストレスとなることでしょう。

自分だけがほしいものも買えず、周囲と比べて損ばかりしているという苛立ちは〝うつ的気分〟を醸成するには十分でしょう。そして、それは人をうらやみ、それが恨みの感情となり、深い心の闇へと誘われることにもつながっていくのです。

シャワーのように家庭を襲う過剰な情報は、家族を幸せにするのではなく、家族を小さな幸せ、目の前にある幸せから遠ざける役割を果たしているような気がしてなりません。

ＳＮＳやネットサーフィンは息抜きにもなりますが、だらだらと長時間スマホを見るのは心身ともにあまりいいことではありません。すべてをシャットダウンするのは難しいので、やはりスマホを触る時間を決めてしまうのが一番効果的です！

なんだか、いつも私が子どもに言ってることと同じような…。

家のＷｉ－Ｆｉ設定をタイマー機能で自動的にオフにする機能もありますので、家庭内で話し合って決めてもいいかもしれませんね。ところで明恵さん、こんな風に気軽におしゃべりできるお仲間がいらっしゃるのは素敵ですね。こちらの方々は長いお付き合いなのですか？

もともと人とおしゃべりすることは好きなんです。でも、このママ友たちと知り合ったのはここ1年くらい。こっちに来てから出会ったんですよ。

と言うと、お引越しされてきたということですか？

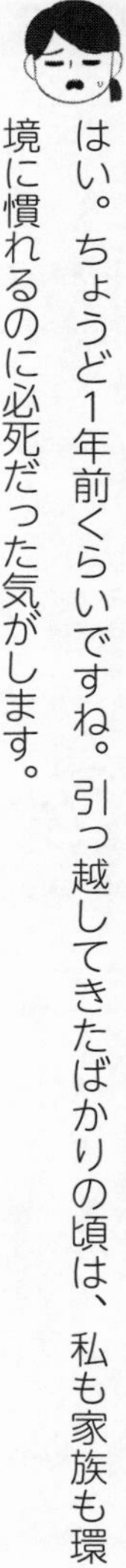

はい。ちょうど1年前くらいですね。引っ越してきたばかりの頃は、私も家族も環境に慣れるのに必死だった気がします。

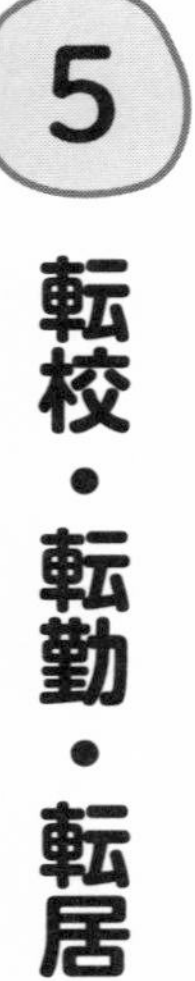

5 転校・転勤・転居

お母さん体調はどう？
最近は少しずつおでかけできるようになったわ
そっかよかった！最近全然行けてなくてごめんね…
引っ越したから遠いものね気にしないで！
そっちは落ち着いたの？
それがね…この前夕食を食べていたらあゆみが急に泣きだしちゃって…
あ――…
ぐすん…
まぁ…！
それまで元気そうに転校先にも通ってたから少し安心してたんだけど…
友達もできたみたいだしうまくやってると勝手に思い込んでいたかも…
難しいお年頃だものね…それで今はどうなの？
その時泣きながら今の気持ちを全部話してくれたのそれで少し楽になったみたい
それはよかった！
本当は博の話もじっくり聞いてあげたいんだけど…

1年ほど前、夫の転勤の関係でこちらに引っ越してきたんです。あゆみは普段明るくてしっかりしているから、いきなり泣き出した時はびっくりしました。

転居や転校というものは、人生において大きな環境変化をもたらすものです。ましてや思春期における転校・転居によって引き起こされる喪失感の大きさは、計り知れないものがあるのではないでしょうか。

森薫の解説

せっかく仲良くなったクラスの仲間、かわいがってくれた部活動の先輩、部活動のレギュラーの座、ほのかに想いを募らせていた人の存在、必死で築き上げてきた先生たちからの評価、居心地良くレイアウトした自分の部屋、何よりも癒しの対象だったペットなど、そのすべてが父親への転勤命令一枚で奪われてしまうのです。

そしてすべて、新しい場所で一からの出直しです。喪失感に折り合いをつけるだけでも必死なのに、その上に新生活の不安な気持ちまでのしかかって来るとなると、感情の爆発を抑えるだけで精いっぱいで、自分の内なる思いをうまく言葉にするのは、思春期の子どもたちにとって至難の業ではないでしょうか。

そんな自分たちの喪失感を軽く考え、ついてくるのが当たり前という態度の父親にも腹が立つし、自分たちの気持ちの代弁者になってくれない母親に対しても許せない気持ちが募ります。

まして遠隔地とあっては、仲良しの仲間たちに会いたくなったとしても、会いに帰ってくることもままなりません。ある意味、退路を断った旅立ちなのです。

今、中学校にはスクールカーストという序列社会が存在すると言われています。その確立されたカースト社会に中途で参加し、自分の納得いくポジションを手に入れることは、並大抵のことではありません。だからこそ、余計不安も募るのです。

もし、そんな思いを口に出しでもすれば、「そんな弱気でどうするんだ!」と叱られそうだし、どう抵抗しても無駄なら黙り込むしかないという苦渋の選択をするほかないのです。

このように、転居する前から家族には大きなストレスがかかりますが、転居してからもストレスは避けられません。今まで何も意識せずに行動できていたものが、すべて、しっかり意識して行動しなければ、トラブルを連続させることになるのです。洗面台・トイレの位置・風呂のシステム・階段の構造、玄関ドアの鍵の違い、そして、スーパーやコンビニの場所など、一つ一つを身体が覚え込むまでは緊張を強いられ、脳が受けるストレスは大変なものです。

昔からの言い伝えに「家を新築したら、その家から死人が出る」というものがあります。それは年寄りたちが長年慣れ親しんだ居心地の良い環境から、新築とはいえ、まったく勝手の違う環境に放り込まれ、そのことがストレスになって、従来からの持病を悪化させてしまうことは想像に難くありません。環境が変わるということはそれくらいストレスが溜まるという科学的にも納得できる言い伝えではないでしょうか。

わが国では、このような家庭の事情にはお構いなく、一枚の辞令によって社員に転勤を命じます。そこには、苦悩する家族への共感性などみじんも感じられません。家族も説得できないのでは、会社に必要とされる人財になれるわけがないと、情け容赦なく強権をふるうのです。

父親は家族を守るためと自分に言い聞かせて、心を鬼にして会社の命令に従いますが、子どもたちは転校をきっかけにしてストレスがキャパシティーをオーバーし、心を病んだり不登校になることも少なくはありません。母親もまた、新しい環境に苦戦せざるを得ないのです。世界に類のない日本の家族の悲劇と言えるでしょう。

そうか…。子どもにとっては、これだけのストレスがかかるものなんですね。考えてみたら、夫も相当ストレスが溜まっていたのかな。

明恵さん、そこに気づくことができただけで、お子さんもパートナーの方もきっと心強く思ってくれるはずです。会社の辞令にそむくということは現実的に難しいでしょう。でも、自分やパートナー、子どもにどんな心理的負荷が起こりうるのかを理解できるだけで、心構えが違ってくると思いませんか?

はい。でも…もっと早く知りたかったです…!

今からでも遅くありませんよ！〝学びは力〟です。ところで明恵さん、お母様の介護もされていたのですか…?

はい。引っ越す前は母の介護もしていたんですが、家が遠くなってしまったので心配で…。

6 介護のストレス

私には弟がいて
彼は今も母の近くに
住んでいるのですが…
明恵の弟家族
私が引っ越す前は
毎週私が母の家に
通っていました…
ぐったり…
もしもし姉さん元気?
最近母さんが体調悪いって
聞いたんだけどさ〜
……
あ"?
なにのん気なこと
言ってんの!!
私、毎週お母さんの
所に行ってんだよ!!
え!?まじ?
私一人に押し付けて!
いまどき「男だから
介護が免除される」とか
通用しないんだから!
ごめんごめん、でもうちはまだ
子どもに手がかかるし
女房はフルタイム勤務だし…
あー
そんなのうちだって一緒!
夫の会社も業績よくなくて
私もパートに出てるし
家事育児ワンオペだからね!
そうかぁ
義兄さんも
キツいのか…
とにかく
近いうちに話し合お!
このままじゃみんな
パンクするからね!

森薫の解説

超高齢化社会の到来によって、明恵さんのように介護に直面する家庭は増えるばかりです。核家族化の進行によって、子ども一人で両親を介護するという場合も大変ですが、高齢の夫婦が介護し合う老々介護も、精神的にも肉体的にもその負担は深刻なものがあります。更に、両親の介護のために仕事を辞めざるを得ない介護離職は、経済的には大きなダメージとなります。

男性の4割、女性の8割が90歳以降まで生きる時代になりました。しかし、介護を受けたり寝たきりになったりせずに日常生活を送れる期間を示す「健康寿命」は男性72歳、女性75歳と言われています。老後の20年近くを病と共存し、あるいは介護を受けながら生きなければならないのです。

現実に、10年20年と長期にわたって介護を続けている家族は少なくありません。そして、その多くが長年のストレスにより、心身ともに限界状態にあるのです。

遠距離介護の場合も深刻です。毎週末に故郷の老親の元へ帰って介護をし、平日は仕事が待ったなしです。休養が取れず、経済的な出費ものしかかってきます。夫婦の間もぎくしゃくするばかりです。妻は妻で、実家の親の介護で手いっぱいとあれば、ほかに選択の余地はないのです。
今、高齢化が進めば進むほど、〝うつ〟に陥る家庭は増えていくことでしょう。政府は社会保障を充実するために消費税10％に上げながら、社会保障は後退するばかりです。子育ても介護も家庭の責任で行うものという、古い考え方を色濃く感じます。
家族が小規模化し、自助・自己責任では対応できないことが増えています。子育てと同じで、総うつ化社会を招かないためにも、介護の社会化もわが国の最も重要な課題と言えるでしょう。

我々国民の意識の転換が求められています。明恵さん、あなたはとっても責任感の強い性格だと思いますが、介護も家族内でどうにかしなければ、という思いがあったのではないでしょうか？

はい。母親の世話を他人に頼むってことが、ちょっと考えられませんでしたね。でも、実はこの後、弟はすぐ地元のケアワーカーさんに連絡を取ってくれて、良いデイサービスも見つかったんですよ。

明恵さんのようにすべてを抱え込んでしまい、苦労をされている方は多くいらっしゃいます。そんな方のためのサービスも、今は増えています。弟さんのように、お住まいの地域の役所にご相談をしてみるのがいいですね。ケアワーカーさんがデイサービスや訪問介護など、それぞれに合ったサポートを提案してくれます。

明恵さんは、弟さんという存在を頼れた。弟さんは、ケアワーカーや介護施設という外部のサポーターを見つけた。ご家族の連係プレー、素晴らしいと思います。

いやあ、今思えばさっさと弟に話していれば良かったです…。

ちなみに明恵さん、「家事育児ワンオペ」とのことですが、それはいつ頃から…？

さあ、いつからだったか…。でも、いちばん辛かったのは、次女が生まれた時だったかもしれないですね。

7 産後うつ

2年前ー

こんな時間にどうしたの？

桜ちゃんは寝たの？

今ホテルにいるの…

ホテル？桜ちゃんも一緒に？

ママー

一人で…

おかしくなりそうだったから家を出てるの…

え!?

大丈夫!? 家出…？

ううん…夫の提案

いったい何があったの…!?

睡眠不足で疲れ果てちゃって…

ふぇ

最初の半年だけでも母乳で育てようと思って頑張ったの…

義母も母乳絶対主義だし…

義母

桜がぐずったときにとっさに手が出ちゃって…

それで夫がしばらくホテルで休養しろって…

明恵は真面目で一途だから産後うつが心配だったんだよ

うん…

一生懸命やればできるって思ってたけど…

子育てって大変だけど肩の力抜いていこ？

じゃないと〝うつ〟になっちゃうよ…

それに、子どもって大人が思ってるよりたくましいよ！

うん…ありがと…

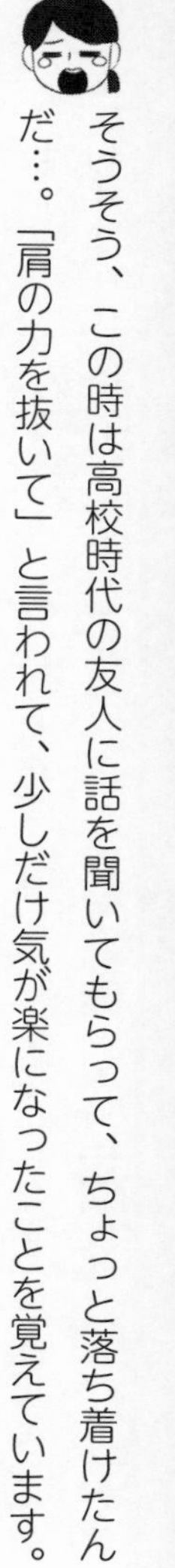

そうそう、この時は高校時代の友人に話を聞いてもらって、ちょっと落ち着けたんだ…。「肩の力を抜いて」と言われて、少しだけ気が楽になったことを覚えています。

友人の力を借りられたこと、思い切って家から出てみたこと、どちらも勇気のいる選択だったと思います。かつての明恵さんのように、助けを求めることはとても大切です。でも世の中にはそれすらもできないお母さんも多くいます。

森薫の解説

ただでさえ孤立しがちな子育てにコロナ禍が追い打ちをかけ、産後うつと呼ばれる若い母親たちの心身の不調が広がり、自殺者も急増しています。

わが国では、戦後急速に核家族化が進み、子育ての責任が母親に押しつけられ、孤育て（孤独で孤立した子育て）という、母親がストレスを溜めやすい状況が広がっているのです。

かつては、産後1ヶ月程度は実家に身を寄せ、物心両面の支援を受けるか、実家の母親に来てもらって授乳以外の雑事は手助けしてもらうのが一般的でした。そのため、夜中の授乳で睡眠不足になっても、子どもを昼間の間見てもらうことで、つかの間横になることも可能であり、知恵を借りることで孤立感にさらされることも少なくて済んだのです。

しかし時代は変わり、実家の母親も働いていたり、更には高年齢での出産が増え、母親が高齢で頼りにできないということも少なくありません。その上、ここにきてコロナ禍によって、実家に帰れないという深刻な事態も生じています。母親たちの孤立感は深まるばかりです。


子どもは育てやすいタイプばかりではありません。感覚過敏なST気質（スペシャルタレント気質）を親から受け継いだ子どもたちはリスクベイビーと呼ばれ、世の子育て本や妊婦教室で教わった通りにはいかないことが多いのです。

すべてが初めてのことなのに、一人で24時間対応せざるを得ず、その上睡眠不足というストレスは、あっという間に母親たちのキャパシティーを超えて、自律神経のバランスを崩すことになります。そして心が折れてしまうのです。

2015年～2016年の2年間で、出産後1年未満の母親の自殺が100人を超えています。驚くべき数字ではないでしょうか。

子育てで最もストレスフルな時期は、産後の1年間だと言われています。その時期の夫のサポートは何よりも重要です。しかし、男性の育児休職の取得率は毎年増加傾向にあるものの、まだわずか12・6％でしかありません。それも約7割が1ヶ月未満です。まだ　まだ男性の育児休業についてはハードルが高いと言わねばなりません。

しかし、この時期の社会的サポート網は少しずつ整備されてきています。これまでわが国の子育て支援は、個人が役所に出向いて申請し、それに基づいて審査が行われ、やっと支援が受けられるシステムになっていました。そのため、情報を持たない人は取り残されてしまうことが多かったのですが、ここに来て行政も変わり始め、アウトリーチ型の支援が増え始めています。

2017年には〝子育て世代包括支援センター〟の設置、2019年末には出産後1年未満の母親を対象に、心のケアや育児支援をすることが市区町村に義務化されました。

〝産前産後の家事・育児支援サービス〟をもっと周知・徹底し、気軽に利用できるようにすることが大切です。

子育ては自助ではなく、共助・公助で！　という子育ての社会化が促進され、母親たちが「教えて！」「助けて！」と気軽に声を上げることができるような子育て支援ネットワークの可視化が求められています。

産後うつを防ぐこともできない国では、出生数の増加など夢のまた夢であると思います。

この「うつ状態」に関しては、明恵さんはご自身で乗り越えられています。まさに、パートナーやお友達の助けを借りて、自分の気持ちを吐き出せたのですね。

そうですね。なんだか、彼女とまた話をしたくなってきました。

ぜひ！　そのお友達の方も、明恵さんに相談されて嬉しいと思いますよ。ここまで明恵さんのことを思ってくれている方なんですから！　ちなみについ先日、あゆみさんとお父様はこんな会話をされていたみたいですよ。

8 母親たちのもらえない症候群

お父さーーん

あのさーー

スマホに夢中

……

お父さんってば!!

うわっ

なっなんだ!!

最近お母さんいつも不機嫌じゃない？

この頃笑った顔なんか見たことなくない？

まちなさい！

わー

お父さん忙しすぎてかまってあげないからじゃないの？

スマホばっかだし

「どんなに頑張ってもほめてもらえない」って愚痴ってたよ？

やばくない？

もうすぐお母さん誕生日でしょ？私プレゼント考えてるんだ

お父さんももっとお母さんに感謝した方がいいよ

……

あゆみ、こんなこと言ってくれていたんだ…。

素敵な娘さんですね！　それに、あゆみさんのご指摘は非常に的を得ています。

森薫の解説

「どんなに頑張ってもほめてもらえない」「必死で切り詰めた生活をしているのに、協力してもらえない」「疲れているのに、労りの言葉をかけてもらえない」「子どものことで相談したいのに、話を聞いてもらえない」「優しい一言があれば、少々辛くでも我慢できるんですけど‥‥」

生活に追われ、笑顔を喪失した母親たちの多くが、〝もらえない症候群〟に陥っているようです。

自分の頑張りを夫に認めてほしいと願いながら、その願いがかなえられない悲しみが広がっています。

人の幸せは、

- 人に愛されること
- 人にほめられること
- 人の役に立つこと
- 人に必要とされること

ではないでしょうか。

- 話を聴いてほしいのに、聴いてもらえない
- ほめてほしいのに、ほめてもらえない
- 認めてほしいのに、認めてもらえない
- 抱きしめてほしいのに、抱きしめてもらえない
- そばに居てほしいのに、居てもらえない
- 愛してほしいのに、愛してもらえない

こんな風に〝もらえない〟状態が続くと、人の心のエネルギーはやせ細っていき、心の体力が消えていくのです。

心の体力は、

- **安心感**
- **達成感**
- **承認欲求**

が満たされれば回復すると言われています。

しかし、〝もらえない症候群〟では、安心感も達成感も承認欲求も満たされることはありません。心の体力は落ちるばかりで、投げやりで〝うつ的気分〟に支配されることになるのです。

「どうせ、こちらの思いは伝わりっこない」「今さら、何を言っても無駄」「生活費さえ入れてくれれば……」

笑顔が失われるのは当然のことでしょう。妻から笑顔を奪ってしまった夫たちには、妻への共感力や、労りや励ましといったコンプリメント能力が欠如しているようです。家族を幸せにする家庭経営力に弱さがあると言えます。

一方、笑顔を失った妻の冷ややかな対応に、夫たちもまた大きなストレスを感じることになり、家に帰ってくることが楽しくなくなり、帰宅も足が重くなるのです。すれ違い夫婦の誕生です。

どうせ伝わらない、何を言っても無駄…。最近の私、まさにこういう状態です。でも、そういう態度がまた夫にストレスを与えていたんですね。

癒し合い、愛し合うべき家族が、お互いのストレッサーになるのは悲しい限りです。しかしこうして振り返ってみると、明恵さんの頑張りを見てくれている人、認めてくれる人、ＳＯＳを受け止めてくれる人はいましたよね。そして、自分自身が「誰かの頑張りを認めて、ほめてあげる存在」になることも大切なんです。人は一人では生きられませんし、そもそもこんなに社会が劇的な変化を迎えている今、人間一人で解決できることなんて、たかが知れていると思いませんか？

本当にそうですね…！

すべての問題を、自分自身で抱える必要なんてないんですよ。

なんだか、そう考えると少し気が楽になる気がします。

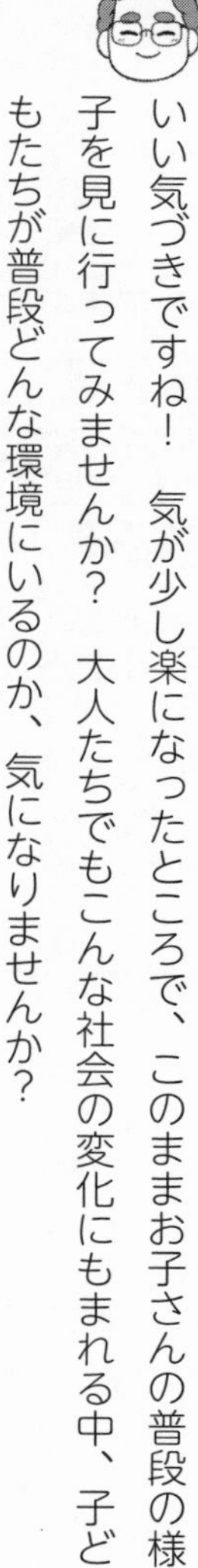

いい気づきですね！　気が少し楽になったところで、このままお子さんの普段の様子を見に行ってみませんか？　大人たちでもこんな社会の変化にもまれる中、子どもたちが普段どんな環境にいるのか、気になりませんか？

少し怖いですけど…。見てみたいです！

では、このまま学校を見に行ってみましょう！

第2章

いじめ・不登校・ひきこもり

子どもを取り巻く環境

1 子どもの苦戦

教室の中央にいる子どもたちは声も大きくて楽しそうですね…。それにひきかえ、教室の隅で一人静かに本を読んでる子もいるし、やはり色々な子がいるんですね。静かな子どもたちは声の大きい子どもたちに気を遣っているのかしら…？

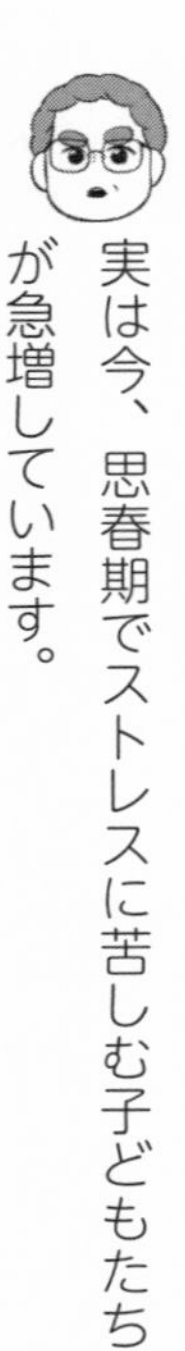

実は今、思春期でストレスに苦しむ子どもたちが急増しています。

森薫の解説

小学4年生になると、ストレスを背景にした不登校が増え始めます。小学4年は〝つ離れ〟の年齢です。一つ・二つと年を数えていって、九つまでは〝つ〟がついていますが、十になると〝つ〟が離れるので、10歳を〝つ離れの年〟と呼び、親という巣から離れる〝巣離れ〟の時期でもあるのです。

子どもたちの自我が目覚める時期であり、思春期の入口でもあります。人生においても最も自己のコントロールの難しい厄介な時代です。〝思春期の峠〟という言葉を聞いたことはありませんか。昔から、越えるのに困難が伴うのでそう呼ばれてきたのでしょう。

子どもたちは、この思春期の入口に差しかかると大きく変化します。動物に例えると、ご主人様に忠実で従順な飼い犬から、勝手気ままに行動し、気に食わなければひっかいてくるわがままな猫へと変身するようなものだと考えてみてください。親の指示・要求に素直に従い、手もかからなかったものが、親の言うことにことごとく反発し、その時々の気分で思わぬ行動を取ることが増えていきます。親を激しくののしったと思えば、いつの間にかそばに来て、すりすりしてきたりするので、まともに付き合っていると親の方はへとへとに疲れ果ててしまうのです。

こんな猫化し始めた小学高学年の集団は、さまざまな問題を孕むことになります。その代表的なものは、〝スクールカースト〟という差別構造が成立してくるということです。勉強ができてスポーツも得意、その上明るくユーモアがある子どもたちを最上位に、仲間とかかわろうとせずマイペースで自分の世界にこもりがちな、のび太型の子どもたちが最下層に位置づけられることになります。

これらの最下層に近い子どもたちは、「ウゼー!」「キモイ!」「死ね!」というような人を死に追いやるような〝殺人用語〟から身を守りながら、日々ストレスを溜め続け、心身をすり減らしているのです。

家に帰れば、過酷な塾通いが待っています。LINEの対応も手を抜くわけにはいきません。少しでも対応を間違えると、仲間集団のいじめに遭いかねません。風呂に入る時まで、スマホを手離せない子どもたちが増えています。

その上に、両親の夫婦仲が芳しくないようだと、子どものストレスは倍加します。〝つ離れ〟するまでは、両親の不仲など考えたこともなかったのに、〝つ離れ〟し始めると、少しずつ両親のすれ違いが見えるようになるのです。

母親は始終不機嫌で攻撃的な言動が増え、「早くしなさい!」「宿題は済んだの!」「口ごたえはやめなさい!」「ぼやぼやしてたら、お父さんの二の舞だからね!」

口うるさく感じるだけでなく、母親のイラダチの背景にあるものが、父親の存在であることが少しずつ垣間見えるようになるのです。

こんな風に、学校でもストレスを溜め、家でもストレスを溜めこんだら、ストレスキャパシティーがオーバーして、心身の不調をきたす子どもたちが急増しても当然のことではないでしょうか。

消費した心身のエネルギーを一晩のうちに回復できなければ、そのチャージ率は少しずつ目減りしていきます。このチャージ率が70%を切れば、下痢や頭痛を始めとする心身症状が現れて登校しぶりが始まり、50%を切れば、学校には行けなくなります。

〝うつ的気分〟に支配され、〝うつ病〟と診断されることもありますが、多くは、朝起きれなくなるので、起立性調節障害と診断されることが多いようです。

しかし、この時期に十分な休息を与えないで無理をさせ、更にストレスを強めさせると、統合失調症・双極性障害・うつ病・パニック障害・強迫神経症・パーソナリティ障害・解離性障害など、さまざまな二次症状に見舞われることになります。そして、その後の回復に時間がかかることとなり、長期的なひきこもりにもつながるのです。

人生において最もストレスが溜まるのは、思春期と、子どもの思春期と向き合う思秋期だと言われます。この時期にストレスに潰されないためには、ストレスの源であるストレッサーとの付き合い方がとても大事です。思春期の子どもにとって最大のストレッサーは、同級生と母親であり、母親にとっては、夫と子どもということになります。

一方、カーストの上位に位置する勉強のできる子どもたちも、決してストレスと無縁ではいられません。常に、今より成績が下がることへの不安に脅かされています。親たちが生活を切り詰めてまで、自分のために高いお金を払って塾通いさせ、何を期待しているか痛いほど分かっているからです。その期待に応えるためには、学力を維持させるだけでなく、同級生との競争に負けるわけにはいきません。表面的には笑顔で接していても、ライバルたちとの学校生活はストレスでいっぱいなのです。

このストレスは自律神経のバランスを崩れさせ、多くの場合、朝起きれないという起立性調節障害となって表面化します。

私のところへの相談では、私立の中・高一貫校で不登校になる事例が増えています。ストレスの溜まる学力競争に打ち勝つためには、①本人の学力的余裕 ②本人の心身の余裕 ③家庭の経済的余裕 ④母親の心身の余裕 が必要だと、私は言い続けてきました。その中の一つでも余裕が失われると、子どもは思春期の峠でつまづくことになります。

スクールカーストは、上位、下位に関係なくストレスを与え、のびやかな子ども時代を奪っていると言えるでしょう。

子どもにとって、少しでも気の抜ける場を作ってあげてほしいです。そのためにはスマホと適度な距離を取ることが大切です。せめて家にいる時は、あるがままでいられる時間を大事にしてあげてください。

確かに、今の子たちにはスマホやSNSが当たり前にあるわけですしね。便利な分、なんだか子どもたちがとても生きづらいような気もします…。

その通りです。今の子どもたちは、社会の変化によって大きなストレスにさらされていると言えます。もう少し詳しく見ていきましょう。

2 五つの学校

森薫の解説

わが国では、いじめだけでなく、さまざまな被害者が、激しく残酷な二次被害に見舞われます。

セクハラ、パワハラ、レイプをはじめとする性被害、体罰……。

わが国は〝長いものには巻かれろ〟という古い意識、お意識の名残りも強く、弱者が自己主張をすると、寄ってたかって叩かれてしまうのです。

そんな中、かつてお上と呼ばれた学校、教育委員会、児童相談所などの、時代を読みとる感度は恐ろしいほど鈍くなっているようです。〝出過ぎず遅れず目立たず〟の仕事のやり方が長い間の習慣となっていたために、激しく変化していく社会に取り残されてしまっているのではないでしょうか。

家庭を取り巻く環境も、子どもたちの集団のあり方も大きく変わってきています。すべての家庭が支援を必要としているし、すべての子どもが話を聴いてほしいというニーズと共に、いじめへの不安を感じているのです。しかし、子どもたちの願いに真剣に向き合ってもらうことを行政に期待するのは難しいようです。

今、一人っ子同士で結婚し、生まれた子が一人っ子であれば、生まれながらに、一人のいとこも叔父さんも叔母さんも持たないことになります。

そんな少ないヒト体験の中で育つ子どもたちに、かつてのようないじめを乗り越える逞しさを求めること自体が時代遅れではないでしょうか。

おまけに、公立の中高一貫校が人気を呼び、受験準備年齢は下がるばかりであり、遊び仲間との遊び時間も、遊び空間も削られる一方です。喧嘩したり仲直りを繰り返す中で、いじめに強い耐性も養われますが、今はそれを望むべくもありません。

子どもたちが生き生きと集団生活を送る土台があらゆる場面で崩壊しているのです。

子どもたちを取り巻く環境は、大人の都合によって劣化の一途をたどっています。

子どもたちは、〝五つの学校〟によって、ストレスを与えられ続けており、それは限界に達しています。

五つの学校とは…

❶学力テストの導入によって
ますます学力重視が
強まる学校

❷学校の下請け機関として
子どもを勉強へと
追い立てる家族

❸休日もない
勝利至上主義の
部活動

❹いやでも通わざるを得ない
学習塾

❺食事中・夜中でも
逃げられない
LINEの世界

この過酷な五つの学校で、成長期に最も必要な睡眠を削られ、大人たちが繰り出す過大要求や期待に応えるべく、神経をすり減らしています。

子どもたちの多くが、〝うつ〟一歩手前の〝慢性疲労症候群〟状態に陥っています。

心身のバランスが崩れた過緊張状態では、冷静な思考など望むべくもありません。

そして、それはいじめの増加にもつながっています。

蓄積するストレスを周囲にぶつけ、身近な仲間を犠牲にすることで、本能的に自分が壊れることを防ごうとするのです。防衛機制の一種です。

思春期の子どもたちは、それだけ追い詰められているのが現実であり、子どもたちを取り巻く環境が根本的に変わらない限り、今後もいじめは多発すると覚悟しなければなりません。

しかし、各地の事例でも明らかなように、アンテナの感度の悪い危機管理能力の欠如した学校のあり方では、子どもたちの安全は脅かされ続けるでしょう。

私は、保育園の関係者と接する機会が少なくありませんが、今保育園は、園児に対する保育中心的な発想から、家庭を丸ごと支援する、子ども・家庭支援センターとしての役割へとウィングを広げています。

苦戦する子どもたちの背後には、苦戦する家族の存在があり、子どもは家族を代表して、問題行動というSOSを発することが多いのです。

新しい役割は確かに負担の大きいものですが、個人任せではなく、チームとして支援体制を構築する事で大きな成果を上げています。

これからは学校も、子ども・家庭支援センターとしての役割を強く求められるでしょう。〝教育は学校で〟〝しつけは家庭で〟という役割分担を唱えていれば済んだ牧歌的時代ではなくなっているのです。

家庭に力量以上の〝孤育て〟を押しつけてしまったために、機能不全に陥った家庭が続出しています。子どもにとって、家庭は安心できる居場所とは言えなくなってしまっているのです。

気になる子ども、苦戦している子どもには、一過性の指導ではなく、継続的で組織的なチーム支援が必要となります。担任のみの個人的な指導から、チームとしての支援という発想の転換が求められているのです。

学校や行政に変革が必要なことは言うまでもありませんが、親御さんも「子育てやしつけは家庭で」といった考えから脱却してほしいと考えます。

私、子育てと仕事を両立なんてとても無理って思ってました。だから仕事は諦めて、子育てを一生懸命やろうとしてましたが、それも限界って思ってて…。

明恵さんの感覚は何も間違っていませんよ。子育てもしつけも、家庭内だけではキャパオーバーになって当然な時代なのです。保護者がすべての責任を負うべきではありませんし、努力不足でもないのです。

後ほど詳しく紹介しますが、今は子どもが不登校を経験した親たちの集まりである「親の会」なども各地にあります。しつけに悩んだり、子どもが気になる行動を起こしている場合、子どもに向き合うことはもちろん大切です。ただ、「誰かに頼る」ことを前提として、外部へのヘルプをうまく使いこなしていただきたいと思います。

3 登校しぶり期への対応

そうは言っても、ほかの子たちは学校に通っているわけだし…。このままでは勉強もどんどん置いていかれてしまいます。正直、無理せず1時間目だけでも、保健室登校でもいいから学校に行ってほしいと思ってしまうのですが…。

「無理せず」というのはとても大切な視点ですね。では、「学校に行きたがらない」という博くんの心理状況に、もう一歩踏み込んでみましょう。子どもが学校を嫌になったり不登校になるには、必ず理由があるのです。

森薫の解説

小中学校不登校生の数が増え続けて24万人を超えたというデータがありますが、一方で、小中学校での不登校経験者の85％が高校に進学しているという数字があるのです。

このことは、不登校をあまり否定的なものとして捉える必要はないということを示しています。

私自身は長い間の経験から、不登校は神様からもらったギフトであり、自分のトリセツ（取扱説明書）づくりのための貴重な休息の時間と考えています。

しかし、多くの子ども・保護者・教師の三者ともに、不登校をネガティブに捉え、不登校=人生の敗残者・不幸な未来という意識に強く支配されているようです。

そのために、不登校という事実を受け入れることは容易ではありません。三者三様の激しい葛藤が巻き起こり、その間に子どもの心身症状は悪化の一途をたどることになるのです。

私は、不登校には次のように五つのステージが存在すると訴えてきました。

後退期（登校しぶり期）
混乱期（本格的不登校期）
安定期
回復期
復活期

私が今までサポートしてきた子どもたちの多くが、この道筋をたどって不登校となり、そして心身のエネルギーを回復させた上で、自分に合った学びの場を見つけていきます。

この五つのステージの中で、子どもが最も辛い思いをするのが①登校しぶり期であり、学校側が一番頭を悩ませるのも登校しぶり期だと思います。

なぜなら、子どもたちの心身は負のスパイラルに陥ってはいるものの、気力を振り絞り、遅刻・早退を繰り返しながらも、無理すれば辛うじて身体を学校に運ぶことができるからです。中には、午前中は集中力を欠いても、午後の部活動には元気に参加できる軽度の起立性調節障害の子どももいるので、学校側としても余計に判断が難しいのです。

ましてや親は、命がけで子どもを学校に通わせようとします。かつては子どもを布団から引きずり出して車に放り込んで学校へ連れて行ったという、切ない話をあちこちで聞いたものです。

学校も負けてはいません。担任が毎朝迎えに行ったり、仲間たちが交代で迎えに行ったりと、あらゆる方策を講じて、本格的な不登校になるのを防ごうとするのです。そして、今も不登校を減らすことを学校の目標にしたり、教育委員会が議会対策のために現場に介入することも少なくありません。

それはすべて、不登校=悪という固定観念に支配されているからです。

しかし、時代は変わり、不登校になっても多様な進路は保障されています。不登校期間を自分の得意や強みを見つけ出してトリセツづくりをする時間にもできるし、更には、ストレスとの向き合い方を学びレジリエンス力を高める貴重な時間にすることもできます。この意識の転換が早ければ早いほど、命がけで学校に通い続けたそのトラウマで、心身の回復が長期化することも少なくなるでしょう。

親御さんたちも、「不登校になっても大丈夫」「人生は長いものだ」という意識の転換をしていってほしいと思います。

4 ひきこもりとゲーム依存

「不登校は神様からのギフト」…そんなこと考えもしなかったです。不登校もひきこもりも、悪いことではない。頭では理解できるんですけど、一日中ゲーム漬けなのはやっぱり心配です。


明恵さん、私はこのところ、立て続けに高校生のカウンセリングをする機会が増えていますが、共通している点があります。

それは、長い間のひきこもりから抜け出して、自分に合った進路探しの作戦会議を求めているということです。

そして、ゲーム依存の生活が続いて、親たちを嘆かせてきたという同じような体験を持っているのです。

森薫の**解説**

不登校からひきこもりに陥った子どもたちの親が、一番心配するのが子どものゲーム依存ではないでしょうか。

昼夜逆転の生活の中で、何かに取りつかれたように、ひたすらゲームに熱中するわが子に対して、心身の病理の深刻化と共に、このまま、一生このひきこもり生活から抜け出せないのではないかと、おびえてしまうのでしょう。

そして、そんなわが子を守ろうとして、ゲームの時間制限やゲーム機器の取り上げ、費用の不払いなどの介入を行おうとしがちです。

この介入に対して、子どもは激しく反発し、家庭内暴力や器物損壊行動につながることが少なくありません。

私もかつて、アナログ的な立場からゲームを見ていたために、対応に苦慮する親たちにゲームに対する否定的なメッセージを発信し、かえって家庭内のトラブルに拍車をかけていたのではないかと反省しています。

しかし今、子どもたちから新しい学びをもらい、ゲームに対する認識を前向きなものに変え始めているところです。

「2年ものひきこもりからよく抜け出せたね?」

「おかげさまで何とか……」

「ひきこもっている間、何が一番辛かった?」

「親がゲームを目の敵にして、ゲーム機器を壊されたことですかねぇ」

「それはちょっとひどいよね」

「あの時期、ゲームだけが心の支えだったんですよ。それなのに、やっぱりこの人たちは僕のことなど、少しも分かろうとはしないんだなって、はじめて、親に対する憎しみの感情が強くなり、家中のものを壊しまくりました」

「そうだったんだ」

「昼夜逆転してると、夜、何もすることがないんですよ。何もしてないと、出口のない不安から、死にたいという気持ちが繰り返し襲ってくるんです」

「……」

「学校にも行けず、親の期待を裏切ってしまった自分には生きる資格はないと……」

「自分を責めるわけだね」

「そうですね」

「それでも、生き抜くことができたのはどうして？」

「それはゲームがあったからです。ゲームに没頭している時だけは、すべての不安を忘れることができるんです。しかし、ゲームを止めると、不安が押し寄せてくる。だから、起きている間はゲームが手放せなくなるんです」

「ゲームをやりたくてやってるというわけではないんだね」

「もちろん楽しいからやるんですけど、止めるに止められなくなるっていうのはありますね」

「これがゲーム依存の正体なんだね。でも、何がきっかけでゲーム依存状態から抜け出せたのかなぁ」

「親との闘いに勝ったからでしょうか」

「親との闘い？」

「ええ、僕の余りにも厳しい反抗に驚いて、僕の生活に一切介入してこなくなったんですよ。その頃、森先生に何回かカウンセリングを受けたことも原因かもしれませんが、親の態度が変わりました」

「ゲームを目の敵にしなくなったんだね」

「そうですね、ゲームは僕にとって、唯一の親友みたいなもので、ひきこもり生活の最高のパートナーなんですよ。そのパートナーを否定されるということは、僕自身が否定されるということと同じなんです。僕のことを理解したいと言いながら、まったく分かっていないんです。だから、余計意地になってゲームを続けていたのかもしれません」

「自立のための闘いだったんだ」

「そうですね、この親たちの支配から自由になりたいと思って、ゲーム中心の生活をしまくってました」

「それがゲームをしたいだけできるという自由を勝ち取ったら、気持ちに変化が生じ始めたってわけ？」

「ええ、突然ゲームに飽きてしまったんです。ゲームに費やす時間とエネルギーを、ほかのことに使ったら自分にも何かできるんじゃないかと思って……」

「そこで、今日来てくれたわけだ」

「そうです！」


思春期の人間関係でつまづいた子どもは、学校など集団生活へ苦手意識を抱きます。

さらに、起立性調節障害を引き起こした場合、そのほとんどが昼夜逆転の生活となります。

その昼夜逆転生活の生命の綱がゲームなのです。

ゲームがあるからひきこもり生活が成立し、ひきこもりを長引かせているという意見もありますが、私は今、ゲームのおかげで、子どもたちがひきこもりながらも生命を失わずに生き延びることができていると考えるようになりました。

以前、ゲーム機を取り上げようとしたことがありました。その時、すごい剣幕で反発されたんです。

命綱を急に力づくで奪われそうになったら、強く反発するのは当然の反応かもしれませんね。親たちが子どものゲーム漬けの毎日を否定的に受け止めている限り、益々依存度は強まり、長期化すると考えた方がいいでしょう。

子どもが不登校になり、いつ死のうかと追い詰められているにもかかわらず、相変わらず支配的立場を続けようとするのか、ゲームに依存するわが子を丸ごと受け入れて信頼し、見守る立場に立つのか、ゲームを通して、親の成長が試されていると言えるのです。

私は彼の「命綱」を無理やり取り上げようとしてしまったんですね…。そう考えると、ぞっとします。ゲームのおかげで生きていてくれるなら、ありがたいですよね…。

そうですよね。たかがゲーム、されどゲーム、教えられることはたくさんあります。〝ゲームのせい〟ではなく、〝ゲームのおかげ〟と思えるようになった時、子どものゲーム依存は終わりを告げると言えるでしょう。

5 自律神経失調症

ただ、今博は完全に昼夜逆転の生活をしているんです。何かいい方法はあるんでしょうか？

私がかかわってきた不登校の子どもたちのほとんどが、自律神経のバランスを崩して、自律神経失調症の一種である起立性調節障害を引き起こしていました。学校生活のストレスや環境の変化によって、交感神経と副交感神経の働きが昼夜で逆転するために、朝起きることができなくなるのです。

しかし自律神経の仕組みを知り、自分がなぜ朝起きることができないのかを理解できると、自分なりのトリセツづくりが始まり、自らの力で少しずつ昼夜逆転から抜け出すことができるようになっていきました。

います。

森薫の解説

元EXILEのATSUSHIさんは、数年前に自律神経失調症を患ったことを公表しています。

その体験について、自分の著書の中で赤裸々に語ると共に、テレビ番組でもトレードマークのサングラスを外し、やさし気な素顔でインタビューに応じていました。

最初は疲れが取れなくなり、続いてめまいが起き、声の出も悪くなっていったそうです。そして次第に気持ちが沈み込むようになり、ついには逃避願望が強くなって死ぬ事まで考えるようになったといいます。

グループのリーダーであるHIROさんが抜けた後の責任の重さと、音楽界のトップを走り続けなければならない重圧で、いつしかストレスキャパシティーを超え、自律神経のバランスを崩してしまったのでしょう。

一時も気の休まらない緊張が交感神経を刺激し続け、交感神経優位となって、心身をリラックスさせる副交感神経の働きが弱くなってしまったのではないかと思われます。

どこかでストレスから身を遠ざけないと、自律神経のバランスはますます崩れ、睡眠・呼吸・

血圧・食事・思考・感情コントロールなど諸々の生命維持装置に障害が生じ〝うつ病〟を発症することになります。

〝うつ病〟と〝自律神経失調症〟はコインの裏表の位置にあります。ATSUSHIさんが生き抜いてくれて本当に良かったと思います。

私は常々、中高生にこの命の源である自律神経の仕組みを理解してもらうにはどうすればいいかを考えてきました。それは私自身が今まで何度か自律神経のバランスの崩れによって、さまざまな体調不良を経験し苦しんできたからです。一度は長期の休職に追い込まれたことさえあります。それもこれも自分の心身の構造に対する無知のなせるわざだと反省しています。

不安を抱えている素人に、ストンと納得のいく説明をしてくれるお医者さんにはついぞ出会いませんでした。薬を処方してくれるだけで、自律神経の自の字も聞かせてもらったことはありません。不安の中で自分の健康に自信を失い、心が折れかけたことも一度や二度ではありません。

そこで仕方なく、医者に頼らずに自分の力で、このどん底の状態から抜け出すべく学習を始めることにしました。そして、自律神経の研究が私のライフワークとなったのです。もっと早いうちに自律神経についての理解があったらばと悔やむばかりです。

学びを深めるうちに、過去の苦しみがどうして生じたものかがストンと胸に落ちていきました。

ワーカホリックを引き起こしてしまう完璧主義のST気質と、容量の小さいストレスキャパシティーが相まって、すぐに交感神経優位状態になりやすいのです。余程自分に言い聞かせていないと、いつの間にかスイッチが入ってしまって過覚醒となり、睡眠の質が低下したり血圧が上昇することになるのです。

２０２０年の夏は、コロナの感染を避けるストレスに、夏の異常な暑さによるストレスが加わって自律神経のバランスが崩れかけましたが、何とか自力で抜け出すことができました。学習の成果だと思っています。

心の骨折は外からは見えません。それ故に周囲にはなかなか理解してもらえないのです。ATSUSHIさんも苦しみ抜いたようです。このように若い世代のカリスマのような人たちが、自分の体験を中高生に向けて赤裸々に語ってもらうことほどありがたいことはありません。彼はこれまで歌い手として若い人たちを励ましてきましたが、これからは自律神経失調症のサバイバーとしても貴重な存在です。大いに期待したいと思います。

起立性調節障害の心当たりがあったら、お近くの小児神経科、心療内科を受診いただくのがいいと思います。

診断が下りれば薬も処方してもらえますし、診断書を学校に提出して配慮を求めることもできます。

何より、起立性調節障害は本人が非常に辛いのにもかかわらず「なまけている」「サボりだ」という目を向けられがちな病気でもあるので、まず親御さんが正しい知識を身につけ、子どもの絶対的な味方になってあげてほしいと思います。

私もまさに、博に対して「サボりじゃない?」と思ってしまっていました。こんな病気があるんですね…。でも、この病気だったとしたら、薬とうまく付き合っていくという方法もあるわけですよね。

はい。症例によって適切な対応が異なりますので、まずは専門の医療機関を受診されることをおすすめします。

6 不登校家族の支援

でも、仮に学校に復帰できたとしても、こんな学校生活を生き抜かなきゃいけないなんて。やっぱり私が子どもにもっと忍耐力をつけさせてあげるべきだったのかしら…。

お子さんを思うからこその気持ちですね。明恵さん、私はこれまでのカウンセリング人生で多くの不登校になった子どもたちを見てきました。そこで分かったことは、不登校に陥る子どもの大半に同じような気質が存在するということです。

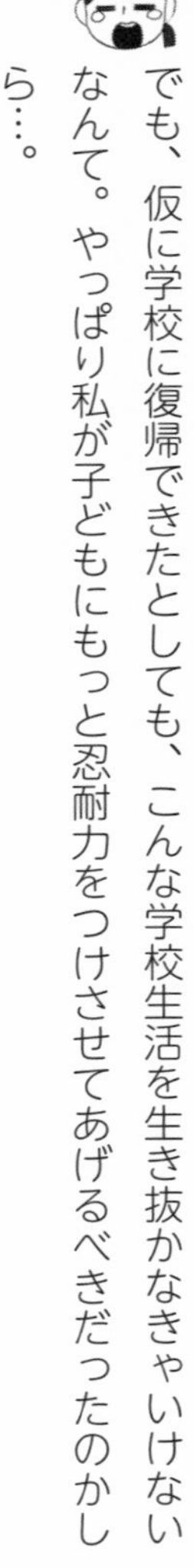

その気質とは、やや柔軟性に欠け、得意な領域と苦手な領域が二極されるアンバランス型とも呼べる気質です。多数派であるバランス型の子どもたちが、集団生活にあまりストレス

を感じないで適応できるのとは対照的に、みんなと同じスピードで、同じやり方で、同じことを要求されることに大きなストレスを感じてしまうのです。

最も苦手の領域が集団に合わせるということであり、反面、これらの子どもたちは、人にはない優れた感覚と才能を有することが多いのです。

私はこれらの子どもたちを、メジャーリーグで活躍するイチロー的ST（スペシャルタレント）気質と名づけて、その共感的理解とサポート方法を模索し続けてきました。

全国で不登校の相談を受け、そのサポートに力を注いできましたが、不登校の背景にこのST気質がかかわっていることが殆どでした。ST気質は家族性のものなので、兄弟姉妹がそろって不登校になることも珍しくありません。ゆえに、家族を丸ごとカウンセリングし、家族を丸ごとサポートすることが欠かせないのです。

私は、この苦戦する子どもたちの家族、特に母親に対して、このST気質ゆえに、子どもが集団生活でどれだけ辛い思いをしているかを理解してもらうことに全力を挙げてきました。

母親が子どもの苦しみを理解すると共に、この不登校が子どもの責任でも母親の責任でもなく、家族性の遺伝的気質によるものであり、学校の保守的で硬直化したシステムにこそ原因があるのだと理解できた時、子どもの心理的負担はぐっと改善します。母親が笑顔を取り戻すことによって、子どもの喪失した心のエネルギーが回復していくのです。

だからといって、不登校がすぐに解消するわけではありません。

それは、これらの子どもたちの基本的に集団生活が苦手であるという問題は解決しておらず、以前と同じシステムの同じ学校生活に戻ることには抵抗が強いのです。

私はかつて、とある通信制高校に勤めていました。その高校に対して、子どもの気質を理解し受容してもらうとともに、二つのことを提案してきました。

①子どもの苦手な分野には目をつぶり、内なる鉱脈（才能、能力）を見つけ出し、それを応援する

②まじめで、柔軟性の乏しい子どもたちが疲れを感じた時、逃げ込めるシェルター（パーソナルスペース・自閉的空間）を用意する。その受け入れ体制が整わない場合は、別の居場所（通級学級、適応教室、相談学級など）を子どもたちにすすめる

さらに、子どもたちの学校・集団生活に対するトラウマが強い場合はフリースクール・ホームスクールを提案してきました。身近な場所にフリースクールがない時には、積極的にホー

ムスクールを提案し、実現化をサポートしてきたのです。ホームスクールは自宅を学校とすることであり、母親が校長になるのです。

校長である母親は、在籍校に対して、ホームスクールを開設することを伝え、登校刺激をしばらく控えてもらうよう要請します。その上で、子どもと相談し、独自のカリキュラムを作成すれば良いのです。

基本的には、体力づくり、物づくり、学習活動を三本柱として、子どもに合わせたシステムを創り出してください。ある意味では、通信制の小中学校版とも呼べるでしょう。

子どもたちは、それぞれの個性・気質・能力に合わせて、個別的な教育支援を受ける権利を有しています。しかし今、ST気質の子どもたちは、戦後70年以上続いている保守的で硬直的な、学力至上・集団適応力絶対主義の学校システムに合わせることに、大きなストレスを感じ、自らの生命を守るために、緊急避難としての不登校に追い込まれているのです。

学校とは本来、子ども一人ひとりの内なる能力を見つけ出し、それを天まで伸ばすこと、そしてすべての子どもを笑顔にする場所であるはずです。この教育の原点に戻ることが不登校を解決する最大の力だと確信しています。

このST気質・ST家族に関しては追って解説しますが、不登校になってしまった子が問題なのではありません。集団生活が苦手といったその子の性質に、たまたまその環境が合わないだけなのです。

ということは、今よりも合う場所があるかもしれない、ということですか？

その通りです！　今いる学校が合わない場合の居場所はたくさんあるんです。各自治体によって異なりますが、一部ここで紹介しますね。今いる場所だけがすべてではない、と思えると、少し心の余裕が生まれてきますよ。

教育支援センター
フリースクール
オルタナティブスクール
ボランティア団体
ホームスクール（ホームエデュケーション）

7 ひきこもりについて考える

合う環境を探すのも、早い方が良いですよね。「大人のひきこもり問題」なんてニュースも見ますし、博の将来も心配だし…。

ひきこもりの増加と、その長期化が問題となっていますね。中には30年以上もひきこもりを続けている人もいるそうです。

森薫の解説

私も相談に乗ることがありますが、その度に思うことはもっと早くに相談を受けていればということです。

というのは、ひきこもりの長期化と比例して、自己肯定感と共に社会生活へのチャレンジ意欲は低下し、更には人への不信感が強まっていくからです。ある意味では、固い殻の中に身を隠し、必死に自分を防御しているように見えます。

一回や二回の母親の相談で解決するほど簡単なものではありません。母親たちの中には、この期に及んでも企業社会への復帰という夢にしがみついて、子どもに過度な要求をしている人が少なくありません。

ひきこもりが、ST気質ゆえの社会生活のつまづきであることが認知されると一歩前進ですが、それからのサポート機関が少ないのです。

無料のカウンセリングの場、安心して過ごせる居場所、おしゃべりの場、職業体験の場など、ゆっくりとした回復を支える組織や機関が山ほど必要とされているのに…。

社会が自己責任論に支配されてきたがゆえに、セーフティーネットが構築されてこなかったつけとも言えるでしょう。

裏を返せば、社会に出てからのつまづきに比べると、思春期までのつまづきは多様な再チャレンジの場が用意されるようになってきています。通信制高校もその一つです。

つまづいた時にトリセツづくりが進み、普通同調圧力の強い企業社会を避けて、自分の専門性を生かした職業を選べば、充実した人生を送ることができるでしょう。

ゆえに、私は不登校ラッキー！　不登校ハッピー！　と若者や保護者たちに伝えています。

ひきこもりの多くは、多彩な個性に目を向けてもらうことなく、小・中・高・大・企業へと続く単線型のレールに乗せられ、外れたら人生の落伍者にしかなれないと洗脳され続けてきたわが国の単線型教育システムと企業絶対主義の犠牲者たちなのです。

もっと温かくて優しい世界が広がっていたら、こんなにも深く傷つき、社会に対する恐怖心を感じることもなかったであろうにと思わずにはいられません。

スペシャルタレントの若者たちが企業社会に合わないことを、一日も早く教育現場の人たちはもちろん、親御さんにも理解してもらうと同時に、企業社会とは違う世界に無限の可能性が広がっていることを知ってもらわねばなりません。

郵便はがき

料金受取人払郵便

麹町局承認

5647

差出し有効期間
2025年1月
28日まで
（切手不要）

1028790

216

東京都千代田区五番町10番地
JBTV五番町ビル2F
学びリンク㈱　編集部

『家庭にしのびよる
“うつ”に負けない！』係

フリガナ

お名前　（　　歳）（男・女）

お子様をお持ちの方　人数　　人／年齢

ご住所　〒

電話：　ご職業：

E-mail：

ご購入方法：　1：書店　2：ネット　3：その他

～ 学びリンク　愛読者カード ～

この度は本書をお買い上げいただき、誠にありがとうございます。今後の参考にさせていただきたいと思いますので、よろしければ以下の質問にお答えいただき、該当するものに○印をお付けください。もれなく記念品を贈呈いたします。

1．本書を何でお知りになりましたか

A：書店の店頭で　B：知人に聞いて　C：本や雑誌の広告　D：新聞で

E：インターネット（サイト名：　　　　　　　　　　　　　　）

F：イベント　G：その他（　　　　　　　　　　　　　　　　　）

2．お買い求めの動機をお聞かせください

A：著者の他の本を読んで　B：タイトルに惹かれて

C：興味のあるテーマ、ジャンルだから　D：カバーデザインがよかった

E：その他（　　　　　　　　　　　　　　　　　　　　　　　）

3．本書をお読みになったご感想など、ご自由にお書きください

4．森薫の講演会などの資料送付をご希望になりますか

A：はい（表面にご住所をご記載下さい）　B：いいえ

5．お寄せいただいたご感想などをHP等に掲載してもよろしいですか

☐ 実名で可　☐ 匿名なら可　☐ 不可

《ご協力ありがとうございました》

より多くの人の目に触れやすい、インターネット書店にも、ご意見・ご感想をお寄せいただけます。

総合評価など、よければそちらにもご投稿頂けますと幸いです。

8 子どもの味方でいて！

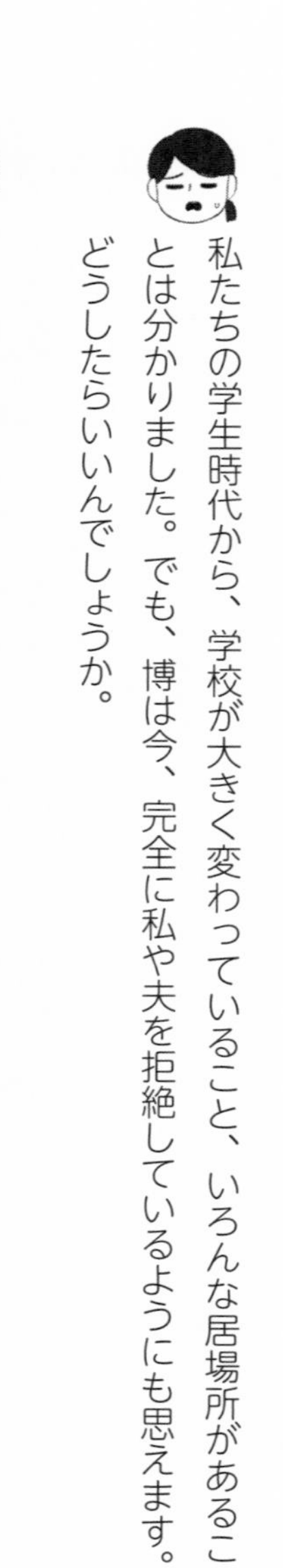

私たちの学生時代から、学校が大きく変わっていること、いろんな居場所があることは分かりました。でも、博は今、完全に私や夫を拒絶しているようにも思えます。どうしたらいいんでしょうか。

私が親御さんたちに願うことは、ずっとわが子の一番の味方であってほしいということです。

森薫の**解説**

学校はどんなに理想を掲げても弱肉強食の世界であり、すべての子どもにとって安心できる居場所とはなり得ません。学校に対する拒絶感や不安感を示す子どもがいてもおかしくないのです（小中学校の不登校は24万人を超えた）。

学校では、みんなと同じペースで同じ内容を理解し、みんなと同じ行動を取ることを要求されます。とにかく個人よりみんな（あいまいであやふやな集団）、そして普通が優先させられるのです。

そのことを人より少し遅れながらも時間をかけて受け入れていく子どももいれば、何としても心と身体が受けつけない子どももいます。

脳のエネルギーが人に合わせることに回らず、自分の興味・関心のある世界に優先して分配される子どもたちにとって、普通という理解できない言葉を乱発する教師たちに、自分が否定されているように感じたとしても不思議ではないのです。

心と身体にさまざまな症状が出る子どもたちは、きっかけとなる明確な理由を自覚している場合より、何故、自分の心と身体が不調をきたし学校に向かおうとしないのかその理由が分からない場合が多いのです。だから、自分を責めることになり苦しさが増すのだと思います。

子どもたちは健気に親の期待に応え、その承認を得ようとします。何よりも親のことが大好きだからです。世界中が敵となっても親（母親）だけは唯一人味方でいてくれるはずだと信じて生きています。それが、自分に寄り添うのではなく、学校の立場に立って学校を擁護する姿に出会うと、深く傷つき不信感の塊となって心を閉ざすことになるのです。

―この世界に自分の苦しみを分かってくれる人は誰もいない―

その喪失感から抜け出すには、長い時間がかかることになるのです。たった一人でいい。味方がいてくれて、きちんと聴いてくれる人がいれば、心は折れずに済むし、折れても回復は早いのですが…。

親の役割は要求することではなく、無条件に子どもの味方でいることなのです。学校の教師には、校長・副校長をはじめとする教師集団や教育委員会が味方に付いていて自分たちの正当性を主張します。子どもの味方は親であるあなたしかいないのです。

今、子どもを学校に預けるからには、いざという時は、保守的で時代遅れの学校と一戦交える肝の太さが必要とされています。

負けるな子ども！　負けるな親たち！

心からのエールを送ります。

そう言えば博は、小さい頃から本当にいい子で、親思いの優しい子でした。私は今まで家族のために頑張ってきたつもりだったけど、学校に行かないことを責めたりして、「子どもの味方でいてあげること」、できていなかったのかも…。

明恵さん、繰り返しになりますが、どうか自分を責めないであげてください。大人でさえ、生きづらさを抱えやすい、今はそういう時代なのです。今の学校を知ることができたなら、あとは対処を冷静に、ゆっくり考えていけばいいと思いますよ。

おや、そろそろ子どもたちが下校する時間のようですね。このまま、いろんな家庭を見に行ってみましょう！

第3章

家族の葛藤

家族もいろいろ、悩みもいろいろ

1 学校化する家庭 ～Aさん一家の場合～

まなみ！宿題は終わったの!?

まだ!!

まったくモタモタして…また寝るの12時過ぎちゃうじゃないの！

そんなこと言ったってさっき学校から帰ってきてこれから塾行って帰るの22時だし…

甘えたこと言うんじゃないの！宿題提出遅れて内申に響いてもいいの!?

いいわけないじゃん…

そうでしょ？内申上げるには今が頑張り時なんだから

今手を抜いたら将来に響くのよ！

……

まなみ！あなたのために言ってるのよ返事は!?

はぁい!!

Aさんのとこはかなり教育に厳しいって聞いてたけど、ここまでとは…。

お子さんも追い込まれると思いますが、お母さんも自分で自分を追い込んでいるように感じられますね。

森薫の解説

近年、ますます学歴信仰・学力絶対主義的傾向が強まりを見せ、学校と塾のダブルスクールは、都会・地方を問わずスタンダードな姿となり、更に家庭教師を雇うトリプルスクールも珍しいことではなくなっています。

子どもたちにかかる教育費は、幼稚園から大学まで私立に通わせると、2千万円超もかかると言われています。子どもが二人いれば4千万円が必要となるのです。

今やそれだけつぎ込んでも、非正規雇用の仕事にしかありつけないといった事態は珍しいことではありません。それを避けるためには、安定した生活が保障される公務員・大企業の社員・高度専門職を目指させなければならない…。格差社会が広がるほど、そういった強迫観念を「わが子のために」引き起こす親も少なくありません。

しかしそれらは、競争相手が多く狭き門でもあります。その激しい競争に打ち勝つ為には、子どもが幼いうちから家庭を学校化し、母親は学校の教師以上に教師化して、子どもを叱咤し続けるしかないのです。今や家庭は、子どもにとっても母親にとっても心休まる空間ではなく、常に緊張を強いられるストレスフルな空間と言えるでしょう。

格差社会になればなるほどセレブへの憧れは強くなり、学力こそがその地位を手に入れる唯一の方法であるとの洗脳は強まるばかりです。

新学力テストの実施もあり、学校を挙げて学力向上に力を注ぐところも増えています。子どもたちの見える学力が自分たちの評価に跳ね返って来るので、現場の先生方も必死です。それは、教えたことを正確に記憶し、それを決められた時間内に活字や数字を使ってできるだけ多く再生するというだけの能力であって、本物の学力ではありません。このような偏った学力観では、子どもたちの個性や豊かな五感力などは重視してはもらえません。

今、わが国で学力とみなされている能力は、人間として生きるために必要とされる無数の能力のほんの一部でしかありません。

その特殊な能力のみを過大評価し、それを伸ばそうとすればするほど、いびつな人間が育つことになるのです。それが、わが国のエリート・セレブと言われる人たちの劣化現象を引き起こしている気がしてなりません。

家庭の中にまで学校の歪んだ学力観が侵入することによって、子どもたちは、遊びよりも、手伝いよりも勉強を優先する生活を要求されて、家庭内失業者状態にあります。不登校に追い込まれる中高生の殆どが、家庭の中で果たすべき役割がなく、学力というステータスを失うと、一気に存在証明を失って透明人間化してしまうのです。

高学歴の夫を持つ母親たちにとって、夫と夫の母親はライバルであり、わが子を夫以上の学歴にしなければ、自らの存在証明を得ることはできません。子どもが夫以上の学歴を手に入れた時、母親は自らにＯＫが出せるのです。

ママ友たちもすべてがライバルであり、その存在もストレッサーとなります。教育ママとなった母親たちにとって、安心できる居場所はどこにもないのです。

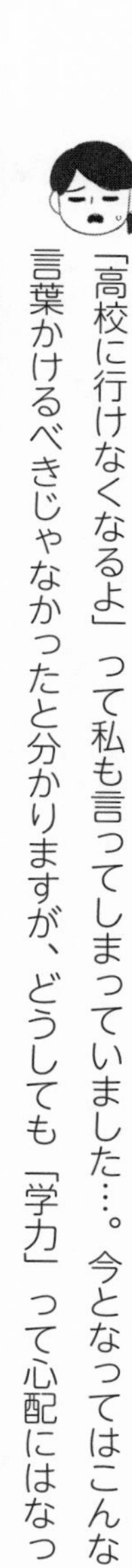

「高校に行けなくなるよ」って私も言ってしまっていました…。今となってはこんな言葉かけるべきじゃなかったと分かりますが、どうしても「学力」って心配にはなっちゃいます。

学歴コンプレックスは、長年の日本の教育が積み上げてきた概念の一つでもありま

す。これを簡単に崩すのは並大抵のことではありませんが、一つ提案したいのは、視点を変えて、「幸せ」のいろいろな形を知ることです。

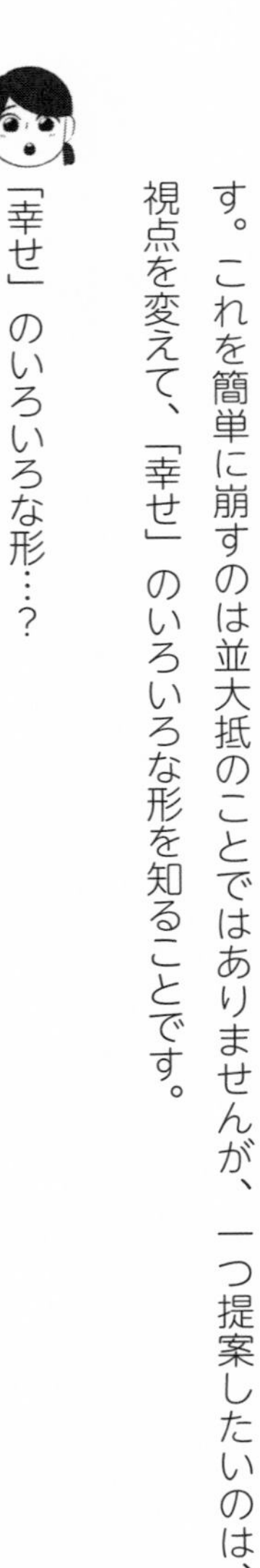

「幸せ」のいろいろな形…？

例えば、世界を舞台に活躍するスポーツ選手に通信制高校出身の方が多いのはご存じですか？　通信制高校の入試は、ほぼ面接や作文が中心で、偏差値至上主義とはかけ離れています。学力だけに捉われず、「自分に合っているか」で高校選びをした子が多く、卒業後の進路もさまざまです。ほかにも、明恵さんの周りで仕事をバリバリされている方、専業主婦・主夫を楽しまれている方…。みんながみんな、いわゆる高学歴でしょうか？

…全然、そんなことないですね…。

「学歴」というものは、人生の中のほんの一部の要素でしかない。人生100年時代の今、中学や高校に行けないことなんて小さいこと。ちょっと視界を広げてみるだ

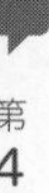

けで、少し事態が冷静に見えてきませんか？

確かに…。そう言われると、不登校とか学歴とか、そこまで大したことじゃないって気もします。

そのお考え、とっても素敵です！　視点を少し変えてみるだけで、少し余裕が持ててきますよね。ぜひ、その考えをお子さんにも伝えてあげてほしいと思います。

ああ、でも伝え方って本当に難しくて…。

2 親の言葉 ～Bさん一家の場合～

振り返ってみると、私も結構子どもにきつい言葉を投げてしまうことがある気がします。こちらとしては心配している一心なんですけど…。

親としては子どものことを思うあまりのことですが、いつの間にか指示・要求が中心となり、期待通りの反応や成果が見られないと否定的な言葉が増え、最終的には強迫的な言葉につながっていくことが多いですね。

Bさん一家を見てみましょう。母親がかっとして言葉を投げかけ、そしてそれに子どもも負けずに応酬しています。

こんな成績じゃろくな仕事に就けないよ！
こんなこともできなかったら先々苦労するよ！
うううううう
うううううううう
子どもにとって親の存在は絶対であり、親の言葉の一つ一つはずしんと重たい。脅迫的な言葉を聞くたびに、未来に対する希望と自信が失われていくのです。
今日も学校行けないの!?
明日は行くから
約束するのね!?
する!!
翌朝…
起きられない…
…………
裏切者!!
卑怯者!!
親不孝者
母親がカッとして投げかけた言葉はすさまじいですが子どもも黙ってはいません
死ね!!
ウザい
消えろ!!
あわわっ

森薫の**解説**

わが国の子どもたちの自己肯定感は、諸外国と比べると著しく低く、未来に対しても否定感が強いのが特徴です。

自分に対する評価は生まれ落ちた時から低かった訳ではありません。全能感の塊として生まれてくるのです。それが親から否定的な言葉のシャワーを浴び続けることで、自己否定感が強まっていくことになるのです。

これではお互いに心を傷つけ合うばかりであり、家の中のムードは荒む一方です。

親子であっても口にしてはいけない言葉があります。子どもの肺腑をえぐるような鋭く突き刺さる言葉は、横っ面をひっぱたかれるより何倍もこたえると子どもたちは語ります。

今子どもたちは、学力でしか親を喜ばせる方法がなくなっています。子どもたちの世界から、家での手伝いや労働の場は失われ、優しさや勤勉さそして正義感などは評価されることはありません。ただ学力のみが子どもたちにとって唯一絶対の値打ちとなってしまったのです。

こんな息の詰まる楽しくない子ども時代を過ごすことを余儀なくされ、その上で親から指示・要求・脅迫と言う自己を否定されるような言葉のシャワーを浴び続けたならば、自己肯定感が低くなるのは当たり前ではないでしょうか。

わが国の教育改革は、教育勅語を再生させようとするような教育改革ではなく、学力一辺倒の教育から学力以外の生きる力がもっと評価されるような、真に子どもの立場に立った教育改革が緊急に必要となっています。

最高学歴の人たちが嘘をつく姿を見るにつけ、〝学力〟〝学歴〟がすべてではないことが明らかになっています。あの人たちが決して幸せそうには見えないからです。

〝幸せ〟とは
人に愛されること
人にほめられること
人の役に立つこと
人から必要とされること

幸せと学歴は比例しません。学歴とは無縁なところに幸せはころがっているのです。

国の教育改革は必要ですが、その前に親の意識改革が求められているのです。

〝毒〟のある言葉は決して幸せを呼びはしません。

明恵さん、先ほどの〝不登校とか学歴とか、そんなに大したことじゃない〟というお考えに立ってみると、どうでしょう。どんな言葉をかけられそうですか？

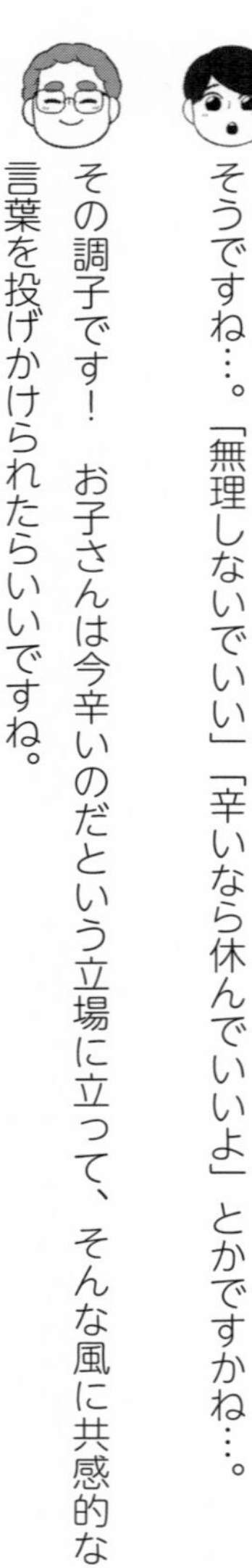

そうですね…。「無理しないでいい」「辛いなら休んでいいよ」とかですかね…。

その調子です！　お子さんは今辛いのだという立場に立って、そんな風に共感的な言葉を投げかけられたらいいですね。

3 ステップファミリー ～Cさん一家の場合～

ちょっと再婚急ぎすぎたかなぁ…
え!?
だからよく考えろって言ったのに
そうだよな兄貴の言う通りだったよ…
何が一番問題なんだ?
やっぱり子どものしつけ観の違いだな
とにかくあいつは子どもに甘いんだ
小学生の娘とほとんどタメ語だし
〝マミちゃん〟って呼ばせてんだぜ?
俺の子はきちんとお父さん・お母さんと呼ばせてるのに…
えー
まぁ
違うカルチャーの中で互いに生きてきた訳だし
今さら変えられないよな…
でも再婚ってそういうものだし
話し合っていくしかないだろ…
…
だからこんな時間から飲んでる場合じゃ…
わかってるよ言わないでくれ
居酒屋

Cさん家のご主人だ。再婚されたっていう話はうわさには聞いていたけど…。

いわゆる〝ステップファミリー〟ですね。連れ子のいる再婚家庭のことを言いますが、双方に連れ子がある場合と、片方だけに連れ子がある場合があります。わが国では、離婚する時に母親の側が親権を持つことが多いので、自然に母親が子連れで再婚することが多くなります。

森薫の解説

今、わが国では離婚が急増し、3組に1組が離婚する時代を迎えています。そして、結婚する4組のうち1組が再婚であり、再婚家庭の多くが連れ子のいるステップファミリーなのです。

ステップファミリーが安定した状態になるまでに、早くて4年、平均して7年かかると言われます。違ったカルチャーを持つ二つの家族が融合し合うためには、それだけの長い年月を必要とするのです。そこに至るまでには、さまざまなストレスと向き合わねばなりませんが、最もストレスを受けるのが連れ子である子どもたちだと想像しがちですが、実は母親なのです。

新しい夫と自分の子の関係も気になりますが、相手の連れ子のマナーの悪さや、言葉づかいなど、わが子と比較して気になってしまうのです。しかし、連れ子に厳しく当たることは夫の手前憚られ、我慢を強いられることは大きなストレスになります。

夫とわが子の間に立たされて、その関係調整にも苦しみます。新しいパートナーが経済力と同時に、おおらかな父性の持ち主であれば、いずれ時間が経つとともに家族としての絆も生まれていきます。しかし、経済力もない父親力もないというような、ないない尽くしの男性だと、女性に寄生するだけでなく、連れ子に対してしつけと称する虐待を行うことが少なくありません。男の子に対しては、言うことを聞かなかった、反抗的な目で睨んだなどと、些細なことを口実に死に至らしめるような暴力が展開されることもよく聞く話です。自分のパートナーが、元彼とのセックスによって産んだ子であることが許せないという、幼児的嫉妬心もあるのかも知れません。

かつて私が中学教師をしていた時に、母親の再婚相手にDVを受ける教え子をわが家にかくまったり、再婚相手の度重なる暴力に怯え夜驚症や夜尿症になって苦しむ生徒を、母親の代わりに病院へ連れて行ったり、父親の暴力現場にかけつけて警察を呼んだりと、ステップファミリーの対応に走り回ったことがあります。

一方、女性の連れ子が女の子の場合、パートナーである男性による性的虐待も増えています。このような場合の母親の対応は悩ましいものがあるようです。

自分の娘と、再婚相手の男性との板挟みにあって、苦しむ母親たちの姿もたくさん見てきました。娘たちが性的被害に遭っても、せっかく出会ったパートナーを失いたくないために見て見ぬふりをしてみたり、娘に対して「お前が悪い！」「お前が色目を使うからだ！」と責めてみたり、ある時は我慢を強要したりと、激しい葛藤に見舞われるのです。

娘が思春期になると、夫と娘の行動を監視することが大きなストレスとなり、髪がごっそり抜け落ちたと話す母親にも出会いました。娘が一日も早く家を出て行ってくれることを願う自分を許せなくて、〝うつ病〟になった母親もいます。

また、再婚相手の連れ子を受容できず、わが子と差別してしまう自分を母親失格だと責め続ける母親も少なくありません。

経済力もなく、サポーターも相談相手もいない、ないない尽くしのステップファミリーの場合、そのストレスは想像以上のものがありそうです。

虐待といった深刻な問題になってからでは、子どもの心のケアや家庭の修復は非常に困難です。そうなってしまう前に、家族間の話し合いが必要なことは言うまでもありません。時には夫婦だけの時間を取ってみるのも良いと思います。

母親、父親としてではなく、パートナーとして接する時間を持つのです。子どもが小さければ、思い切ってシッターやご近所の方、頼ることができるなら親族へ預けます。近場へお出かけするも良し、ちょっと素敵なお店でランチをするのも良いでしょう。週に1回、難しければ月に1回、1~2時間でも、互いをパートナーとして再認識し、共通の時間を楽しむことが有効だと思います。

夫婦とは他人同士です。しかし、結婚・再婚という人生における大切な決断をした者同士でもあります。他人として尊重し合い、お互いのための時間を取って心の余裕ができれば、冷静に今後のことを話し合えるのではないでしょうか。

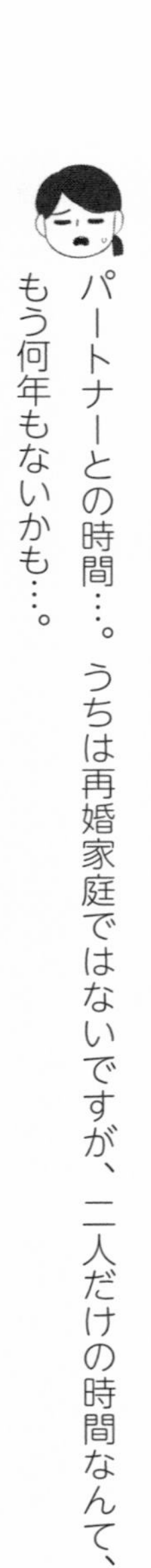

パートナーとの時間…。うちは再婚家庭ではないですが、二人だけの時間なんて、もう何年もないかも…。

子どもがいると、どうしても子どもが最優先な生活になってしまうと思います。少し工夫をして、パートナー同士での時間を作るだけで、変わってくるものはあると思いますよ。

4 シングルマザーのうつ ～Dさん一家の場合～

Dさん…顔色良くないけど無理してない？
うん…シングルだから私が頑張らないとね
それは分かるけど…体調は大丈夫なの？
ありがと…うーーん…

実は最近よく眠れなくて
この先のこと考えると夜中に何度も目が覚めるの
…
食欲も今一つでね…
ええ…
それって過労じゃないの…？
家賃払うのも厳しくなってきてパート一つ増やしたのよ
それじゃ3つ掛け持ち!?
そんなのつぶれちゃうよ！

なんかもうとにかく日増しに大きくなる不安を消したくて…
ちょっと休養した方がいいよ…
生活保護とか母子家庭手当とかあるから…！
ほら！こういう手当ある！
今度一緒に役所行こう！
うん…ありがと…

Dさん、会うたびに顔色も悪いし、すごく疲れてる感じなんですよね。私も人のこと言えませんが…。

これは大変なご苦労をされているようですね…。

森薫の解説

わが国の少子化の勢いが止まりません。特にコロナ禍は更に出産数を減少させています。母子感染の不安とともに、経済面での不安も大きくなっているからではないでしょうか。

そういう中で、一人で子どもを育てているシングルマザーたちの苦戦度も高まるばかりのようです。

今、わが国では3組に1組が離婚する時代となり、シングルマザー（子どもが20歳まで）も123万世帯を超えています。そのシングルマザーたちの就労率は年々高まるばかりですが、一方就労収入は増えてはいません。

シングルマザー（母子家庭）の平均年間就労収入は200万円（一般家庭の平均世帯年収は552・3万円）に過ぎず、パートアルバイトで働く場合は133万円でしかないのです。

自助をまず要求されるわが国で、シングルマザーが子どもを抱えて生きていくことは並大抵のことではありません。

わが国では、子どもの養育費だけでなく、教育費が母親の肩にのしかかります。大学まですべて公立であっても約770万円の費用がかかるのです。更に都市部では塾通いが当たり前となり、その費用の捻出にも頭を痛めざるを得ません。

子どものためには、母親たちは命を削って働きます。いくつもの仕事を掛け持ちして働く人も少なくありません。しかし、このコロナ禍にあっては、仕事を減らされたり、雇い止めに遭ったりと、立場の弱い非正規の人たちが犠牲になってしまうのです。

仕事を失い生活に困窮した一部の人たちは、最後の手段として、風俗に身を投ずることもあるようです。しかし、この領域もコロナで客が減り、思うような収入を得ることは難しいのではないでしょうか。

不慣れな接客や不本意なサービスを強いられて、〝うつ〟をはじめとするメンヘラと呼ばれる不安定な精神状態に追い込まれることも少なくないようです。

シングルマザーを支援する公的サービスも拡充されてはいますが、苦しんでいる人たちにアナウンスがうまく届いていません。しかも公的サービスはほとんどが申請方式で手続きも煩雑です。代表的な生活保護はわざとハードルを高くして、その権利の行使を水際でブロックしているように思えます。

生活保護は、働けなくなった老人や障害者のもので、若い人が生活保護を受けるのは、怠けもの・半人前の証であり、このような施しを受けることは恥ずかしいことだというネガティブな考え方が社会全体に浸透しているのです。

実際に窓口に行った時に、罪人のようなひどい質問をされ、心がひどく傷ついたと語ってくれる方にお会いしました。また、扶養照会によって、親族に今の状態を知られたくないと思う人も少なくないようです。

こんな役所の対応では、見捨てられ感や孤立感を増幅させ、心身の変調を激しくさせるばかりです。誰か一人でもドラえもんのように耳を傾け、共感してくれたら、辛さも和らぐのではないでしょうか。

役所で心無い対応をされたといった事例がSNSや報道で取り上げられることは多くあります。ですが、すべての役所がそうというわけではありません。どうか希望を捨てずに、根気強くSOSを発してほしいと思います。Dさんのように、ご友人や信頼できる人と一緒に行ってみるのも良いでしょう。

5 対象喪失

～Eさん一家の場合～

ただいま
ママ
食欲どう？
うーん…
まだあんまり
明日
イタリアンでも
一緒にどうかと
思ったんだけど
ありがと…
でも外に出るの
おっくうなのよ…
最近
眠れてるの？
ミーシャのこと
思い出しちゃって
中々
寝付けないの
でももう
3か月もたつし
新しい猫ちゃん
探してみない？
まだ
その気には…
正直お父さんを
亡くした時より
こたえちゃった
みたい
お父さんには
悪いけど…
そんな…！
困っちゃうよ
パパも
ミーシャも
居なくなって
ママにまで
何かあったら
私、悲しいよ…
ランチは
いいから
やっぱり明日
お散歩にでも
行かない？
うん…
そうね…

Eさんのところは早くにご主人が亡くなられたのよね。その上ペットも亡くしていたなんて…。

家族やペット、大切な存在を亡くすことは大変なストレスです。

森薫の解説

心理的に愛着の強かった対象を失うことを対象喪失と言います。この対象は、家族・恋人・友人などの人だけでなく、仕事・学校生活・部活動などの活動や進路、家や財産、そして自分の健康、ペットなど多岐にわたり、人それぞれです。

この喪失が突然にやって来ると、その心の傷は深く、癒しには長い時間がかかります。対象喪失の心の痛手を乗り越えるための四段階のプロセスは、対象喪失モーニング・喪のステージと呼ばれています。

《第一のステージ》

突然の喪失に出会って事実を認識できず、混乱したりパニックを起こしたりします。

《第二のステージ》

事実を受け入れたくないと、否認や抗議の気持ちが強まります。

《第三のステージ》

悲哀が強まる時期です。事実を受け入れざるを得ず、深い喪失感と共に哀しみが込み上げてきます。心にぽっかりと穴が空いた状態で気持ちがどんどん沈みこみ、〝うつ〟を引き起こすことも少なくありません。最も心が折れやすい時期です。

《第四のステージ》

少しずつ心の傷が癒えてきて、悲しみを乗り越え前向きに生きていこうという気力が湧いてくる時期です。浄化や再生などと呼ばれています。

この対象喪失モーニングをできるだけ早く乗り越えるには、内なる哀しみ・辛さ・苦しさという否定的感情を抑え込まず、外に向かって吐き出すことが欠かせません。

一番効果があるのは、腹の底から泣くことです。涙には心の浄化作用があり、心の傷を癒してくれるのです。

日本の男性は、泣くのはみっともないという心理的バイアスがかかり、哀しみまでしまい込む傾向が強いため、シニアの男性はパートナーを亡くすとなかなか立ち直れず、〝うつ〟が高じて自殺につながることも少なくありません。

対象喪失は「元気を出して！」「頑張れ！」などと励ましの声をかけることは逆効果になることがあります。

基本的には〝日にち薬〟と言われ、薄皮を一枚一枚はぐように時間をかけながら回復していきます。辛さや哀しさに寄り添い、温かい眼差しで見守ってくれる人、じっと話を聴いてくれる人の存在があれば、回復も早いと言われています。

6 共助、そして共育

明恵さん、「親の会」って聞いたことはありますか？

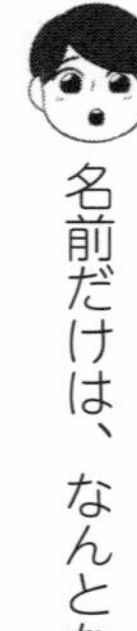

名前だけは、なんとなく…。

私はこれまで、「人に助けを求めて」ということを繰り返し申し上げてきました。ちょっとここで、私自身のかかわっている団体のお話をさせてください。

森薫の**解説**

以前、私のかかわりのある二つの団体の集まりに参加させていただきました。一つは、自らも一人親家庭で育った若者たちが、同じ境遇で苦戦している小中高生の学力面のサポートと、メンタル面のサポートを手がけているＮＰＯの団体です。もう一つは、発達に偏りのある子どもを持つ親たちが、同じ境遇にあって苦戦している親子たちを、自らの経験をもとにサポートしていこうとする団体のサミットで、子どもたちの未来を心配する親たちで大盛況でした。

今、時代から取り残され有効な手を打つことのできない行政からの支援（公助）をただ待つのではなく、自らできることは自らの手で行い（自助）、さらに、同じ境遇の人がいれば手を携え助け合う（共助）人々が増え続けています。同じ境遇の人、同じ経験をした人同士であれば、かゆいところに手が届くし、何より安心して助けを求めることができるからなのです。

一人親家庭の苦戦する子どもたちをサポートする若者たちは、自らの経験から、子どもが何を一番に求めているかを知っています。それは親の笑顔です。しかし、厳しい社会状況にあって、一人親家庭の親たちの笑顔を奪っているのは、親の期待に応えきれない自分のせいだと、自分を責めることになるのです。子どもから笑顔が消えてしまうと、親子の関係は、負のスパイラルに陥ってしまいます。親にとっても、子どもの笑顔が生きる支えであり、幸せの源泉だからです。笑顔は一人親家庭に限らず、家族にとって欠くべからざる生命線と言えるでしょう。

一人親家庭にとって、子どもたちの家事分担と基礎学力のアップは、間違いなく家族を明るくするきっかけになると、若者たちは語ってくれました。そして若者たちは、家族の小さな変化をきちんと言葉にして伝えることを忘れないと言います。これが、一人親家庭にとって、見守られているという安心感や、努力していることが実っているという達成感、そして、誰かに認めてもらえたという承認欲求を満たし、前向きな家族機能の再生につながっていくのです。

私の役割は、この若者たちのスーパーバイザーとして、後方支援することですが、ありがたい役割をいただいたと感謝しています。

発達に偏りのある子どもを持つ家庭の苦戦も並大抵ではありません。同じ境遇にある親たちが、一人二人と集まるうちに徐々に仲間が増え、ピアカウンセリング力を身につけて、助けを求めてくる親たちへのサポート力を高めてきたのです。どれだけ多くの親たちが救われたことでしょう。このような親の会がなかったら、親子で死を選んでいただろうと語る親も少なくありません。しかし、親同士助け合いながら一生懸命に学習していくうちに、いつの間にか、同じ境遇の親たちに信頼されるサポーターとしての存在に成長しているのです。ここにも、共に助け合いながら、共に育っている人々の姿を目にすることができます。

わが国の未来につながる良心はここにあります。声高にただ正義を呼ぶだけでなく、既得権益にしがみつき変わろうとしない行政にただ要求するのでもなく、弱者が弱者と向き合い、自分の持てる力を提供し合う。そして共に思いやりと優しさを育てていく。〝ふり向けばそこに笑顔がある〟、そんな社会の実現も、決して夢物語ではないと信じています。

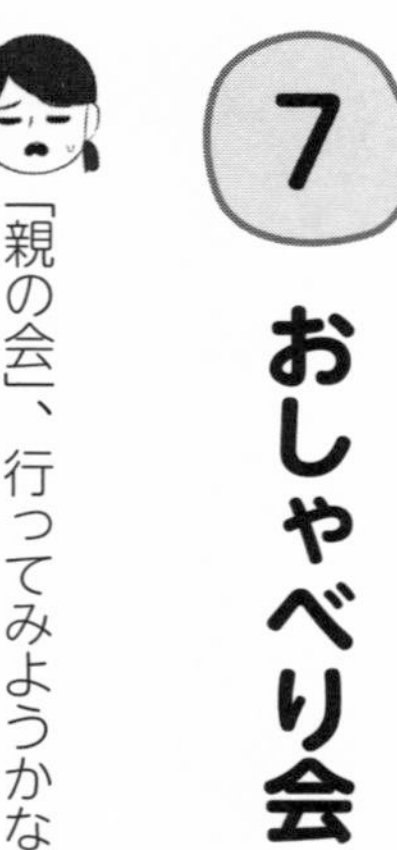

7 おしゃべり会

「親の会」、行ってみようかなとは思うんですけど、ちょっとハードルが高い気も…。

そうですよね。そんな明恵さんに、「おしゃべり会」の紹介をさせてください。

森薫の解説

私は今、いくつかの苦戦する家族が集まる〝おしゃべり会〟にも参加させてもらっています。このおしゃべり会は参加資格もなく、特別な会費もいりません。毎回参加する義務もありません。要するに、縛られるものは何もないということです。

ただ約束事として、①ここで聞いたおしゃべりの中身を外部に漏らさない　②宗教の勧誘、物品のセールスに利用しない　③個人情報を他に流さない　など。

そして、①一人の人が話を独占しない　②人の話を取ってしまわない　③人を批判したり説教しないことなどが、おしゃべりのマナーとして求められています。

簡単に自己紹介し合った後は、3～4人のグループになって、溜まっている思いを吐き出し合えばいいのです。苦戦している母親同士〝あるある話〟で、苦戦しているのは自分だけじゃないと、心が軽くなっていきます。

おしゃべりする側は、聴いてもらうことで受容してもらえる幸せを感じることができますし、聴いてあげる側は、自分が聴いてあげることで相手に役立っているという承認欲求が満たされ、幸せを感じることができるのです。おしゃべりをする側も、聴いてあげる側も共に幸せにするのが、おしゃべり会の最大の効用です。

初めて参加する母親の、最初はやや硬かった表情も、みるみる和らいでいき、そしてあちこちで笑い声さえ上がり始めるのです。

母親の多くが苦戦のど真ん中であることが多いですが、中には、その苦戦から抜け出し始めている母親、更には、抜け出したサバイバーと呼ばれる母親たちがいます。

その母親たちの体験してきた道筋は、現在苦戦中の母親たちにとって、これほど心強いものはありません。自分も今のこの泥沼から抜け出せるはずだと、大きな励ましになるのです。

薬物依存、アルコール依存から抜け出すために、最も大きな力になるのが、同じ仲間たちの集まりであり、抜け出した先輩たちの励ましであると言われています。

人生経験の少ないカウンセラーにカウンセリングを受けるより、この共通体験を持つ仲間たちとのおしゃべりこそが、即効性のある治療と言えるかもしれません。

小中学校時代、いじめに遭って不登校になった子どもたちが、フリースクールや通信制高校・サポート校で、生き生きとした姿をよみがえらせることが多いのも、同じことでしょう。同じ体験をした者同士の〝あるある話〟は、大きな安心感を与え合うのです。

全国の家族支援カウンセラーのみなさんには、是非、自分の地域でおしゃべり会を企画してほしいと願っています。

そして、そのおしゃべり会がいくつかのおしゃべり会を生み出し、そして又、そのおしゃべり会が新たなおしゃべり会を生み出していくということができれば、全国津々浦々に、苦戦する家族のおしゃべり会が生まれることになります。

私も、おしゃべり会の種を蒔くために全力を挙げたいと思っています。

「おしゃべり会」、これなら私も参加してみたいです！

「あるある話」を共有できるだけで、少し心は軽くなりますよ。明恵さん、ここまで学校の様子やほかの家庭の悩みを見てきて、どうですか？

家庭によって本当にいろんな悩みがあるんですね。悩んでいるのって私だけじゃないんだなって。こうやって外の世界を眺めてみると、自分の家族のことも冷静に考えられる気がしてきました。

素晴らしいですね！　では、ここで明恵さんのご家族のことを、改めて見つめてみましょうか。

森先生、その前に、ずっと気になってたんですけど…。「スペシャルタレント」って、どんなものなんでしょうか？

よくぞ聞いてくださいました。明恵さんのご家族、そして明恵さんご自身のことを振り返りながら、この後解説していきますね。スペシャルタレントは、明恵さんのご家族のトリセツを作るために重要なキーワードとなるはずです。

第4章

ST気質とST家族

「問題」ではなく「スペシャル」

1 スペシャルタレントの叫び！

先生、「スペシャルタレント」ってどのようなものなんですか？

私は、一般的に「発達障害」と呼ばれる領域の人々と一部重なる周辺の領域（グレーゾーン）の人々を、敬意を込めて〝スペシャルタレント〟と呼んできました。それは、これらの人々が豊かな五感力に富み、優れた才能の持ち主だからです。

森薫の**解説**

今、発達障害であることをカミングアウトする大人たちが増え、テレビでも発達障害が取り上げられることが多くなっています。

発達障害が子どもの問題と捉えられていたものが、社会的に苦戦する大人たちの背景に発達障害が眠っていることが明らかにされてきたことで、子どもから若者、そして老人に至るまで、国民全体のものであるとの認識が生まれ始めたことは評価に値します。

しかし、成功した一部の起業家や芸術家が自らを発達障害であるとカミングアウトしたとしても、発達障害に対するわが国のネガティブな評価を覆すには至りません。

発達障害イコール、コミュニケーション力に欠けるチョット危ない人、人並みの仕事のできない人、キレると何をするか分からない人、社会性に欠け人のサポートが必要な人、などなど。

障害という言葉には、「あなたは一人前ではない」という非情な響きと共に、未来を閉ざす冷たさがあります。

そのために、この発達障害という呼称を受け入れることに抵抗を感じる人が多数いても当たり前のことだと思います。障害とは、どの生活空間においても生活することにハンデがあることを意味する言葉だからです。

しかし、発達障害は常に生活面でのハンデがあるわけではありません。集団生活で過度な協調性やあいまいであやふやな指示・課題を突きつけられた場合は苦戦することがあっても、マイペースが許され、ひらめきや発想が重視される環境では、己の能力を十分発揮することができるのです。

ベンチャー企業を興したり、芸術家として創造的な楽曲や絵画・映画を生み出す人々、スポーツアスリートなどに、この発達特性を持つ人が目立ちます。

確かに、〝あうんの呼吸〟〝暗黙の了解〟〝建前と本音の使い分け〟という、わが国独特の人間関係能力においては弱さはあるものの、その分、豊かな発想力と新奇探求心、それを形にしていく並外れたこだわりと集中力は大きな財産です。

このスペシャルタレントの人々を、障害者として社会的に劣った存在としてネガティブに扱うのか、それとも優れた能力の持ち主としてリスペクトするのでは、本人の自己評価や未来に向かうモチベーションは180度違ってくるでしょう。

発達障害というネガティブ呼称は、自らをあるがままに受容することを拒否させると共に、一番信頼し支え合うべき家族に分断をもたらします。

否定的な行動を発達障害ゆえと思い込み、その否定面を人並みに改善させることが家族の役割だと信じ込むことで、否定面にのみ目が行き、肯定面を見つけ出すことが難しくなるのです。

そして、よほど発達障害に理解がある人でないと、外部にはできるだけ隠そうとします。障害という響きだけで、誤解を受けることが多いからです。

それぐらい、〝障害〟という言葉にはインパクトがあり、周囲を身構えさせ、ネガティブなイメージを巻き起こす力があると言えます。

私がスペシャルタレント（ST）と呼ぶのは単に、言葉の言い替えということではありません。心からこれらの人々をリスペクトし、その力を思う存分伸ばして、社会で活躍してほしいと願うからであり、そのことがわが国の未来を救うと信ずるからなのです。そして、家族同士、お互いの応援団になってほしいと強く願っています。

家族をはじめ周囲の人々が、障害者とネガティブに見るのか、豊かな才能のある人とポジティブに見るのかで、これらの人々の未来は大きく変わってきます。

受容的なメッセージは安心感を与え、セロトニンを分泌させることで異才を発揮させます。同じ能力を持っていても、相手が受容的か要求的かで、発揮できる力は大きく違ってくるのです。不安やストレスを感じていては、思うような力を発揮することはできません。失敗すればそれ見たことか、障害者だからという視線が浴びせられるような環境では、心も萎えてしまうのです。

今、わが国の創造力・発想力・発明力・芸術力など、新しい時代を切り拓くための国力は低下するばかりのように見えます。

その背景の一因には、特異な才能を持つ人々を発達障害とネガティブに扱い、社会性に乏しい存在として、教育の場で踏みつぶしている教育システムがあるからです。

今、わが国の教育現場では、人並みの学力と協調性が求められ、それが不足するとみなされる子どもたちは、学校にとって困った存在として否定されるのです。

そして、同級生との集団生活というふるいにかけられ、早々に振り落とされてしまいます。異才を振り落とすシステムと、その番人たる教師によって、有為の人財がつぶされているのが現実です。

素晴らしい才能を持つ子どもや若者たちをスペシャルタレントとして、最大限サポートする教育へと大転換を計らねば、日本は世界から取り残され、明るい未来はありません。

わが国の教育界が、手のかかる子どもたちを〝発達障害〟と呼び続ける限り、教育界の未来もないのです。

まずは教育界挙げて〝スペシャルタレント〟と呼称を改めてほしい。そして、呼称を改めるだけでなく、これらの子どもたちからしっかり学んでほしい。

今まで多くの親たちから、「〝スペシャルタレント〟という呼び方はなんと温かい響きでしょうか。そう呼んでみただけで、わが子への見方が変わりました」「不安から子どものファンへと家族が元気を取り戻しました」などなど、多くの賛同の声をいただいています。

もっともっと、〝スペシャルタレント〟の応援団を増やしたい。強くそう願っています。

スペシャルタレント（ST）の特徴

優れた集中力・こだわり 並外れた才能をもつ	集団生活になじみにくい 人間関係で苦戦しがち

反面

優れている部分	苦戦する部分
 五感力に優れている 物事を徹底して追及する	 空気が読めず 感情表現がストレート クラスで浮いてしまう
 自分のペースで技術を 磨いていくのが得意	 上から目線の 指示・命令が苦手

2 いじめの裏側にあるもの

「スペシャルタレント」って、なんだかとってもポジティブな響きですね。でも、特徴を聞いていると、STの子どもというのは学校や社会になじみにくいってことですよね…？

そういう面は否定できません。まさにこれまで私が接してきた、いじめられ体験のある中・高生の多くがST気質を内包していました。五感力や発想は豊かですが、空気を読むことが苦手で、人に合わせるコミュニケーションには弱さがある子どもたちです。

森薫の解説

小学校の低学年の頃までは、学級集団内の人間関係もまだシンプルであり、自分の居場所探しに苦戦することも少なくて済みます。しかしこれが高学年となり、集団が思春期に差しかかると、ファジーで複雑な人間関係に直面することになり、一気に苦戦度は高まっていきます。集団の中での位置取り、仲間との距離の取り方が難しくなり、安心できる心理的・物理的居場所を喪失していくことになるからです。

必死で集団に溶け込もうとして、かえってピント外れやストレートな言動となり、集団の中で浮いた存在になっていくことになりかねません。

一方的に自分の興味・関心事をしゃべり続ける。しゃべりたいだけしゃべるとあとは知らんぷりしてしまう。すべてにマイペースで天然である。人の輪に入らず教室の隅で一人本を読んでいる。忘れ物が多く作業への取りかかりが遅い。こだわりが強くちょっとしたことでキレて、切り替えに時間がかかるなどなど。

こういう言動が、自分もストレスによって不安定で非受容的な心理状態にある仲間たちに、〝ウザッタイ〟感情を強めさせてしまうのかもしれません。確かにいじめる側にも言い分はあるでしょう。

しかし、スペシャルタレントの子どもたちに悪意はないし、言動を直すことを求められてもすぐに改善できるものではありません。多くが遺伝的な気質によるものだからです。

スペシャルタレント気質の子どもたちは、属するコミュニティーの受容度によって、いじめに遭う度合いが大きく違ってきます。そのコミュニティーの核となる人が、この気質を理解しこの気質を応援する姿勢であれば、これらの子どもたちは、そのコミュニティーの中に心理的・物理的に安心できる居場所を獲得できるでしょう。

逆に、コミュニティーの核となる人が、これらの子どもたちを〝困った存在〟として、否定的に認識しているならば、その隠されたメッセージはそのコミュニティーを支配し、いじめや差別が起こる温床となります。

いじめられる側に問題があるのではありません。いじめる側の人間としての受容性や共感性、多様性を受け入れる知性が不足していることが、いじめを引き起こすのです。〝ドッチモドッチ論〟ではいじめられる側の本当の悲しみはいじめる側に伝わりません。教師がいじめられる側に徹底して立ちきって初めて、いじめる側に気づきをもたらす力が生まれるのではないでしょうか。

「困った子」は、「困っている子」です。その子が「浮いてしまう」のは本人のせいではなく、当人を取り巻く環境、属するコミュニティー内での理解のなさからくるのです。

家庭もコミュニティーの一つです。家庭というコミュニティーの核になる人は親、保護者にあたります。

親子も夫婦も、「独立した個人」同士です。

「こういう時にはこういう反応をするんだな」「こういう傾向が強いのかもしれない」「この点にこだわりを持っているな」…。互いの特性・気質を理解することは円滑なコミュニケーションにつながります。

博にも夫にも、「なんで普通にできないの？」って考えてばかりでした。「なんで!?」じゃなくて、「そうなのか」って考えればいいのかしら。

非常に冷静で的確な判断ですね！　一緒に住む家族だからこそ、たくさんの面が見えてしまいますし、思う所もたくさんあるでしょう。でもそこを一歩引いてみることで、かなり落ち着いて話ができると思います。

特性、気質を理解すること…。そう言えば、あゆみが以前、こんな話をしていました。

3 発達障害というバイアス

ふと、このたくや君ってよく聞く「発達障害」なんじゃないかしら？　って思ったんですが…。

「発達障害」「グレーゾーン」といった言葉の認知度が高まっていますね、ここで少し、「発達障害」をめぐる社会の動きを見てみましょう。

森薫の解説

「障害」を「障碍」と表記できるように障害者団体が求めていた「碍」という文字について、文化審議会国語分科会の小委員会は、常用漢字に追加することを見送ることに決めたそうです。

「害」を受け入れがたいと感じる人は少なくありません。害は、害虫、害悪、危害、災害など否定的な気分をかき立てる用語が多いからです。

しかし漢字を変えたり平仮名にしたところで、「しょうがい」という言葉は日本人に刷り込まれてしまっています。呼称が変わっても、わが国の差別構造が変わらない限り本質的な解決にはならないと思います。

私は発達障害という呼称が、教育界やその周辺で安易に使われ独り歩きすることにずっと強い懸念を抱いてきました。ここ数年は、大人の発達障害をテーマにした新聞・テレビの特集や記事も目立つようになってきていますが、このままでは発達障害という否定的な呼称が定着してしまいそうで危機感を強めるばかりです。

２００４年に発達障害者支援法が制定され、通級指導教室で指導を受けている小・中・高校生は２０１９年時点で13万４千人を超えています。前年度の約12万３千人から、１年間だけでも１万人以上増えており、10年前と比較すると約２・５倍、８万人増加しています（２００９年は約５万４千人）。

これまでちょっと風変わりではあるものの普通に存在していた子どもたちが、発達障害の名の元に治療や療育の場に押し出されているのです。そして、集団になじめない自分を治すことを要求され、ストレスを溜めています。

学校においては普通学級の世界が絶対であるという神話に縛られ、発達障害の子どもたちはそこに適応できないはみ出した存在、ないしは劣った存在とみなされて疎外されるのです。人より優れた部分はたくさんあっても、その部分はスルーされ否定的な部分のみがクローズアップされてしまいます。

企業社会も同じです。「空気が読めない」「あうんの呼吸が理解できない」など、企業社会での〝普通〟の御旗を楯にして「わきまえろ!」とプレッシャーをかけ続けるのです。このわが国独特の「空気を読み合う」「忖度をし合う」コミュニケーションは、わが国では多数派かもしれませんが、世界では完全なマイノリティで、決して普通ではなく時代遅れの産物でしかありません。

発達障害の子どもたちに一方的に変わることを要求するのではなく、変わるべきは周囲なのです。わが国の発達観が、多様性を認め合い違いをリスペクトし合うという世界の潮流から取り残されていることの自己認知が必要ではないでしょうか。

子どもたちをわが国独特の普通基準で判断し、その普通に適応できないことをもってして障害と見るのか、人にない特別の才能であるとリスペクトするのでは、子どもたちの学校生活も未来も大きく違ってくるでしょう。

私は、わが国の普通同調圧力の強い学校生活になじめない子どもたちに、豊かな五感力をベースにした多方面の才能が内在することに気づき、彼らをリスペクトして〝スペシャルタレント〟と呼んできました。決して障害などではないのです。特別な才能なのです。

教師が子どもをあるがままに受容し、その才能に期待を寄せると、〝ピグマリオン効果(教師期待効果)〟が出現します。どんどん能力が開花するのです。

逆に教師が否定的な評価で接すると、子どもは委縮して心理面でも追い詰められていくことになるのです。

発達障害という呼称は百害あって一利なしです。発達障害という否定的呼称によってバイアスがかかり、負の〝ピグマリオン効果〟を生じさせてしまうのではないでしょうか。発達障害というレッテルを貼って一旦排除の論理に立ってしまうと、排除される人は増えるばかりできりがなくなります。なぜならスペクトラムははっきりしたラインで境界線を引くことができないからです。みんな少なからず発達に偏りはあります。

わが国でもあらゆる格差・差別についてマイノリティからの反撃が開始されています。もっと大きなウェーブに発展することを願うばかりです。

〝普通〟と〝障害（邪魔者）〟という概念についても根源的な問い直しの時期に来ているのではないでしょうか。

たくや君に話を戻すと、「忘れ物」は誰でもするものですし、この事例だけで発達障害か否か、断定はできません。ただ、あゆみさんをはじめ、たくや君のクラスメートや先生は助け合いの精神をお持ちなのですね。意外と子どもの方が余計なバイアスを持たず、素直に接することができるのかもしれません。

「苦手なことがあるなら、助け合えばいい」。こういった精神が学校や家庭、ひいては社会にどんどん広がっていってほしいと思います。

4 ST家族のトリセツづくり

先生、家族のトリセツづくりってどうすればいいんでしょうか？

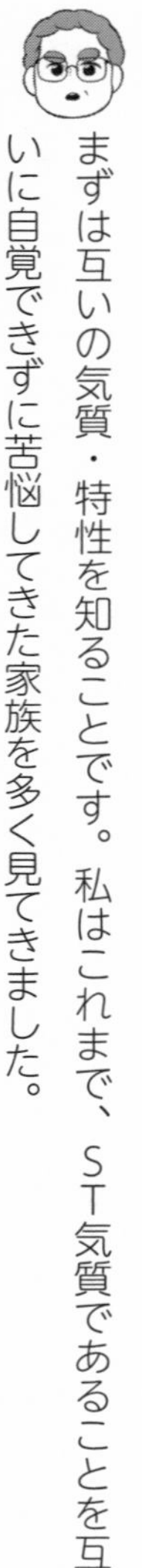

まずは互いの気質・特性を知ることです。私はこれまで、ST気質であることを互いに自覚できずに苦悩してきた家族を多く見てきました。

森薫の解説

以前、都内の中学校のPTAが主催する道徳公開講座で、保護者向けに話をさせてもらう機会がありました。

テーマは、「思春期の子どもと向き合うコミュニケーション」。

唯一の父親を除けば、参加者は母親ばかりでした。ウィークデイの午後ということもあり、やむを得ない面もあるかもしれませんが、以前にも増して運動会以外の学校行事は、母親任せという構図が強まっているのを感じさせられました。

孤育ては、父性と母性のすれ違いを生み、家族機能を劣化させ、家族を危機に追いやってしまいます。

総じて、母親たちの表情に活気がないのが気になりました。

案の定、講演後、校長室でのカウンセリングの依頼が相次ぎました。

共通するのが、夫とのコミュニケーションのすれ違いであり、蓄積されたストレスでした。

父親たちは、それぞれに高学歴であり、教師・公務員・設計士など、ホワイトカラーと呼ばれる職業の人々です。


「まったく一方通行で話がかみ合わない！」

「上から目線で、学歴で相手を差別する」

「子どもとうまくからめずに、高圧的な指示・要求で終わってしまう」

「自分の趣味の世界に逃げこんでしまって、家族と会話をしようとしない」

子どもとうまくからめない高圧的な指示・要求をする

一方通行で話が噛み合わない

趣味の世界に逃げ込んで家族と会話しようとしない

上から目線で学歴で相手を差別する

このように、ST気質をうかがわせるパパたちの、家庭内における否定的な部分が、これでもかこれでもかと母親たちの口をついて出ます。よほど夫に対する不満が蓄積していたのでしょう。

今、社会的には評価されるような仕事をしているが、家庭内においては、家庭経営能力に欠け、一方的コミュニケーションの持ち主であるSTパパが増え続けています。

幼い頃より、学力は高くても共感力をベースとした双方向のコミュニケーションスキルをトレーニングする機会を奪われたまま、社会人になるからでしょうか。

高学歴というステータスによって結婚まではたどり着いても、お互いに気を使い、譲り合い、共感し合うことが日々要求される家庭生活では、そのバランスの悪い一方的なコミュニケーションが露呈してしまうのです。

子どもとのかかわり方が独りよがりであったり、かわいがる時と無視する時が極端であったり、かかわることを避けたりと、周囲を疲れさせることが増えてきます。

子どもが幼いうちは、これでも済むのですが、子どもが思春期に差し掛かると、子どもの反発を招き、親子の関係が急速に悪化することが多くなります。

思春期で苦しんでいるわが子を受容するどころか、追い詰めるような独りよがりの言動を取り続ける父親に対して、母親はわが子を守ろうとして父親に立ち向かうことにならざるを得ません。助け合うべき家族がすれ違ってしまうのです。

家族のすれ違いは哀しみを生み出します。その哀しみは家族から笑顔を奪い、家庭の中にうつ的気分を広げていくことになるのです。校長室で出会った母親たちも、一様に、抑うつ的症状と無縁ではありませんでした。

今までたくさんのST家族に出会い、STパパとの関係に悩む母親たちの苦悩に胸を痛めてきました。


STパパたちよ、あなたたちは素晴らしい能力の持ち主です。しかし、自らのコミュニケーションの偏りに気づく必要があります。仕事もでき、家族をも癒すことのできる家庭経営能力が身につけば、あなた方は有為の人材として、老後も幸せを手に入れることができるでしょう。

しかし、自分の存在が、周囲の限りない受容と犠牲の上に成り立っていることへの気づきと感謝がなければ、決して、幸せな人生の終末を迎えることはできないのではないでしょうか。

話がかみ合わない、上から目線、自分の趣味の世界に逃げ込む…、先生、これ全部うちの夫のことです!!

STパパとうまく付き合うには、明恵さんが先ほど言った「そうなのか」と認めてあげる視点が大いに役立ちますよ。

例えば、子どもとのかかわり方がうまくいかない場合、「やり方が分からない」だけなのかもしれません。お手本を視覚的に見せてあげる、文章にして伝えてみるなど、本人が「これなら分かる・できる」と思える方法がきっとあるはず。伝え方を工夫してみることです。少し根気がいるかもしれませんが、「そうなのか」という冷静な視点と、小さなことでもほめてあげる姿勢があれば、お互いが楽になっていくはずです。

5 クロスエデュケーション

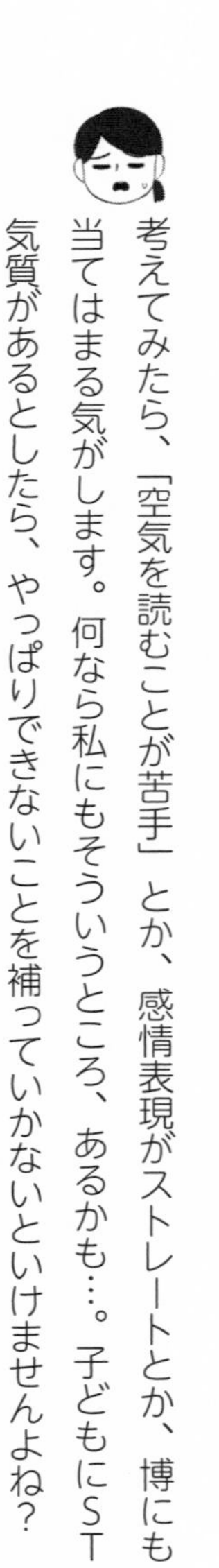

考えてみたら、「空気を読むことが苦手」とか、感情表現がストレートとか、博にも当てはまる気がします。何なら私にもそういうところ、あるかも…。子どもにST気質があるとしたら、やっぱりできないことを補っていかないといけませんよね?

昨今の「右にならえ」教育の中では、「みんなと同じことができない」といった部分が悪目立ちしてしまう部分があると思います。しかし、大切なことは「できないこと」に目を向けるのではなく、「できること」に目を向けてあげることです。

森薫の解説

ここで一つ、「クロスエデュケーション」という療法を紹介させてください。

これは私が主催している〝家族支援カウンセラー研修・交流会〟での講義内容として取り上げている手法の一つです。

クロスエデュケーションは、一般的には耳慣れない言葉ですが、リハビリ業界では近年注目を集めているリハビリトレーニングの方法です。

さまざまな理由で、半身が麻痺したり弱くなったりした場合、この利かなくなった半身をひたすらトレーニングするより、まだ利く方をトレーニングした方が、利かない方の半身への効果が大きいというのです。

私は、このトレーニングのやり方を、スペシャルタレントの子どもたちの教育に生かせないかと考えて、実際に実践に生かしてきました。

わが国では今、普通教育絶対主義が強まり、苦手の少ないバランス型の人間を育成することが主流になっています。

かつてわが国の明治以降の教育は、良兵教育と呼ばれ、戦場で役に立つ能力が求められました。何より五体満足で、より速く走り、より高く跳び、より遠くへ投げ、命令には絶対服従で勇猛果敢な資質を育てることが第一義とされたのです。

それは戦後、一人ひとりの個性を重視する民主主義教育へと変わったはずでした。しかし今、戦前に立ち返ったような企業主義教育が子どもたちを支配しています。

企業主義教育とは、企業の求めるバランスの良いコミュニケーション力と、誰とでもチームを組める協調性を持つ人間を育てることを目的としています。特別なひらめきや才能は重要視されず、命令に対して従順であり、上意下達社会に順応する能力こそが大事なのです。

しかし、ST気質の子どもたちのように、得意不得意の領域が二極化している場合、苦手な領域を人並みのレベルまで引き上げることを最優先され、その努力を強制されることは苦痛でしかありません。努力しても、なかなか達成感を得ることができず、承認欲求も得られない日々が続けば、それはストレスとなって、心身を蝕むことにつながります。

それとは逆に、得意な分野にエネルギーを集中すれば、成果は出やすいし、周囲から「すごいね!」と評価されることも増え、自己肯定感もアップするでしょう。そうすれば、得意分野の周辺に関心が広がり、心身の充足は苦手分野にチャレンジするモチベーションにもなるに違いありません。

私は、わが国の教育を根本的に変えたいと願っています。

人並みの普通を求める普通同調圧力教育から、それぞれのオリジナリティや比較異を最大限尊重する教育へと変わることが、わが国の未来にとって不可欠なのです。

クロスエデュケーションのメリットは、

1　達成感を得られやすい

2　エネルギーを効率よく集中できる

3　ほめられることで、自己肯定感が高まる

4　得意分野があることで、めげないようになる

5　家族のすれ違いが減り、みんなが幸せになれる

6　わが国を再生する発見、発明、最先端の芸術などが生まれる

クロスエデュケーションは、ST気質の子どもだけでなく、すべての子どもに必要なアプローチでもあります。

北風と太陽の寓話で言えば、太陽の存在が増えれば増えるほど子どもたちは心を開き、あるがままの自分に自信を持ち、のびやかに自分の個性や内なる五感力を発揮することができるでしょう。

お互いがお互いの得意を探し合い、認め合う関係からはいじめも生じません。

学校も家庭も、子どもたちにとって安心基地となるでしょう。そうすれば、子どもたちはもっと自分を好きになり、未来に夢を広げることができるはずです。

クロスエデュケーションは、日本を救う共育方法であることを確信すると共に、全国に向けて発信し続けたいと思っています。

うーん、でも、ついつい子どものできないことに目がいってしまいそう…。

きっとみなさんそうだと思います。わが子の得意分野はどこにあるか？　それは子どもが幼い頃、どんなことに集中していたか、何をしている時が楽しそうだったかを振り返ると見えてきます。

博の小さかった時…。博は一人で黙々と積み木をしたり、プラモデルを作っている時が楽しそうでしたね。あとはイチロー選手に憧れて、ひたすら公園で素振りの練習をしていたり…。

とすると、「ものづくり」は博くんの得意領域の一つのような気がします。また、人からあれこれ言われずにマイペースで進めることができる環境であれば、すごい集中力を発揮しそうですね。

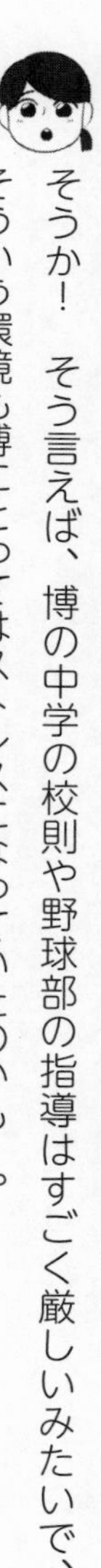

そうか！　そう言えば、博の中学の校則や野球部の指導はすごく厳しいみたいで、そういう環境も博にとってはストレスになっていたのかも…。

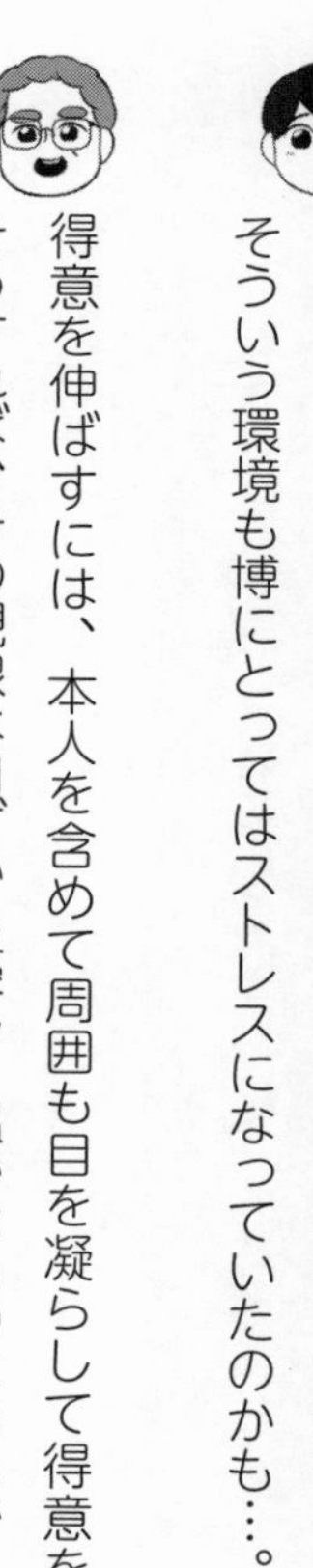

得意を伸ばすには、本人を含めて周囲も目を凝らして得意を探さねばなりません。そうすれば、その視線は自ずから優しく温かなものになるでしょう。

子どもの得意を見つけて、その応援団になるんですね。

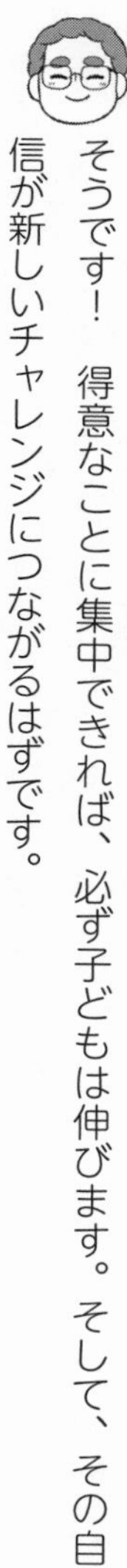

そうです！　得意なことに集中できれば、必ず子どもは伸びます。そして、その自信が新しいチャレンジにつながるはずです。

6 こだわりの人

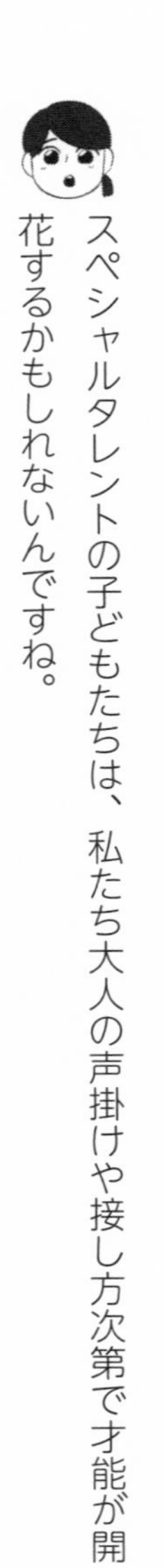

スペシャルタレントの子どもたちは、私たち大人の声掛けや接し方次第で才能が開花するかもしれないんですね。

私が日々、接しているST気質の若者たちに共通するのは、ひらめきと、強いこだわりです。そのひらめきとこだわりが、豊かな五感力と結びついた時には、輝かしい未来を手に入れることができますが、人間関係でつまづいてしまうと、逆にこだわりが仇（あだ）となって、病理に陥ることも少なくありません。

森薫の**解説**

ST気質の若者が輝く未来を手に入れるためには、思春期までに、徹底してこだわれる対象に出会い、それを応援してくれる応援団に出会う必要があります。

プロテニスプレイヤー錦織圭選手は、徹底したこだわりの人でもあります。10歳の時から同じメーカーのラケットを使い続け、25歳の時にはそのメーカーと異例の生涯契約を結んでいます。歴代のラケットは、彼自身のコンディションに合わせた細かな要望を踏まえてメーカーの本社ラボで調整がなされており、重量バランスや色、グリップの長さなど細部までこだわりぬかれた特注のものです。

　スペシャルタレントの子どもたちは、均一化・画一化を要求される学校生活が苦手です。規格外の能力を持つからです。また、上下関係と、チームワークを最優先する集団主義の部活動では、スペシャルタレントの若者たちがつぶされてしまうことが少なくありません。錦織選手の両親はそのことを恐れて、13歳でわが子をアメリカに旅立たせたのではないでしょうか。

　アメリカは、上下関係もゆるやかで、コミュニケーションがシンプルです。Ｙｅｓ・Ｎｏをはっきり伝えることが求められ、二人称もＹｏｕのみで済みます。

　空気を読む必要がなく、本音と建て前を使い分けたり、むやみにへりくだる必要もありません。部活動の上下関係や同級生との人間関係にエネルギーを使うことなく、専門分野にエネルギーを注ぎ込むことができるのです。

　そういう意味で、ST気質を持つであろう錦織選手は、理想の思春期環境に出会ったと言えるでしょう。

第2、第3の錦織選手を育てるためには、今のわが国の画一的な教育システムでは限界があります。何よりも、子どもたちの個性を面白がり応援するシステムが必要です。

勉強だけがすべてではありません。学力も集団適応力も、人間の能力の一部でしかないのです。ひらめきがあって、こだわりの強いST気質の子ども・若者の個性と能力をもっと面白がって応援してほしいと思います。

最初に枠組みありきで、その枠組みに子どもたちを押し込め合わせさせるのではなく、ホームスクール・フリースクール・チャータースクールなど、子ども一人ひとりの能力に合わせた枠組みを作る必要があります。

又、自分の得意分野へのこだわりを応援してもらえる通信制中学校の出現も待たれるところです。

今まさに教育ビックバンの時を迎えています。

π=
3.141592653589793

7 レジリエンス

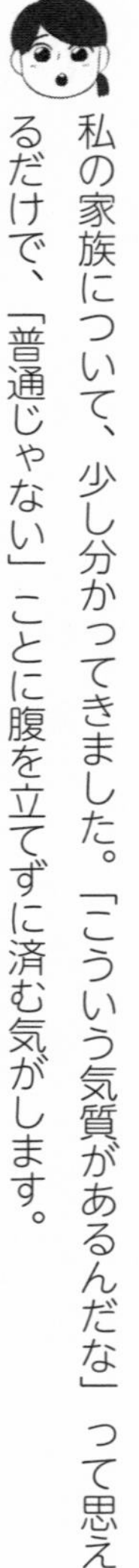

私の家族について、少し分かってきました。「こういう気質があるんだな」って思えるだけで、「普通じゃない」ことに腹を立てずに済む気がします。

とってもいい観点だと思います。私は、今まで数多くの苦戦する家族に出会ってきましたが、そのほとんどが〝ST家族〟でした。

森薫の**解説**

〝ST家族〟は、オールオアナッシングの二極化思考のため、一度負のスパイラルにはまると、とことん落ちてしまい、途中での切り替えがきかないという特徴を有します。そのために家族病理が進行し、機能不全をきたすことになりやすいのです。

病理を進行させないためには、〝うつ的気分〟が強まり始めた時に、そこから抜け出すための切り替え力が求められますが、ST家族にはその力が極めて弱いと言えるでしょう。

気持ちを切り替える力は、心理学の世界では〝レジリエンス〟と呼ばれ、今、多方面で注目を浴び始めています。復元力、回復力、反発力とも訳されますが、私は切り替える力（切り替え力）がぴったりだと思っています。

人間の脳は、本来的にネガティブな性質を有するので、放っておくと過去のことを掘り返しては崩壊し、自分を責め未来のことに不安や焦りを感じて自信を失い〝うつ的気分〟を醸成してしまうのです。

そうさせないためには、脳の騙されやすいという性質をうまく利用する必要があります。気分が落ち込み始めたと感じた時には、否定的な言葉を封印するのです。そして、無理にでも元気の出る言葉をあえて使ってみましょう。

「こういう日もある、明日はきっといいことがある！」

「明けない夜はない」

「無駄な体験なんか一つもない」

「私には乗り越える力がある」

私が提唱している〝あしたあおうよ〟の言葉もどんどん使ってみてほしいと思います。

幸せホルモンであるセロトニンやドーパミンの分泌が増えて、気分を切り替えることができるでしょう。

あ……ありがとう
し……幸せ
た……楽しい
あ……愛してる
お……おかげさま
う……嬉しい
よ……よかった

ST気質の人々だけでなく、すべての人々にとって切り替え力が高まれば、日本中に笑顔が増え〝うつ〟で苦しむ人々は激減するはずだと信じています。

「あしたあおうよ」…。覚えやすいですし、なんだか希望が持てる言葉ですね。

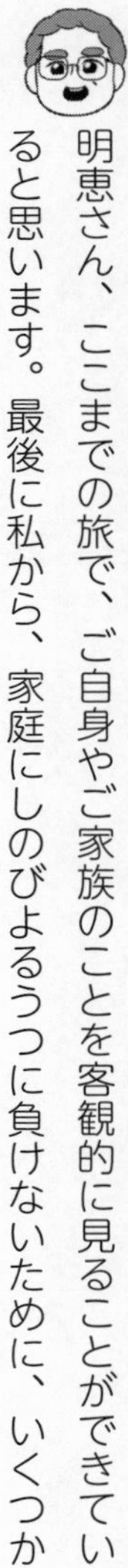

明恵さん、ここまでの旅で、ご自身やご家族のことを客観的に見ることができていると思います。最後に私から、家庭にしのびよるうつに負けないために、いくつかアドバイスをさせてください。

はい！

第5章

〝うつ〟をはね返す力

家庭にしのびよる〝うつ〟に負けない！

1 良妻賢母から楽妻楽母へ

私は今、カウンセリングを受けに来た母親たちに、〝いい加減〟か〝楽妻楽母〟という言葉を色紙に書いて渡すことにしています。家の中で、いつも目にする場所に掲示して、自分の過ぎた頑張りを戒めてほしいからです。

わが国で今、思秋期で精神的に追い詰められ、笑顔を失っている母親たちは、まじめで一生懸命な人が多いです。不登校になってカウンセリングを受けにくる子どもたちと、タイプは同じだと言えるでしょう。

幼い頃から、親の期待に応えるいい子を演じ、大人になっても、周りから後ろ指を指されることを恐れ、いつのまにか良妻賢母を演じてしまうのです。母として、妻として、完璧にその役割を果たさなくては気が済まず、自分を追いつめてしまうのでしょう。

女性は、33歳の厄年を迎えるあたりから、心身の免疫力は2割方低下すると言われています。それ故、心身のバランスを保つためには、若い頃より2割以上心身の負荷を減らさなければならないのです。

ところが、良妻賢母型の母親たちは、与えられた役割を完璧にこなそうと、これでもかこれでもかと自分に対する負荷を増やし続けます。これでは、疲労が蓄積し、心身の不調をきたすのは当たり前ではないでしょうか。

この心身のオーバーワークは、母親たちから笑顔を奪い、前向きなコミュニケーションを奪っていきます。家族のいいところよりも、否定的なところばかり目につき、否定的な言葉ばかりが、家族に対して発せられることになるのです。当然、家庭の雰囲気は暗くなり、家族のモチベーションも低下します。家族崩壊の危機が迫ってくるのです。

自分の役割を果たせなくなったという母親たちの自責・自罰の感情は、母親たちをうつに誘います。眠れない、食べられない、生きる意欲が湧かない、人と会いたくない、そして死んでしまいたいと追いつめられていくのです。

従来型の定型うつもあれば、過眠、過食で、自分の好きなことをやっている時には元気ですが、いやなことには身体が鉛のように重くなり動けなくなるという、非定型うつも増えています。

また、イライラしたり、攻撃的になったり、突然泣き出したりという感情のコントロールができない仮面うつも増える一方です。

もっと母親は、肩の力を抜くことが大事ではないでしょうか。自分の子どもを一人で育てようとすること自体に無理があるのです。できるだけ人に任せることを心がけましょう。自分の子どもに、母親が勉強を教えようとしても、うまくいったためしはないと言われています。何故なら、欲があるから、つい感情が先に立ってしまうからなのです。

わが子の子育ては、助けて！　教えて！　と、どんどん人の力を借りるのが丁度いいのです。そのかわり、他所の子どもの子育てに力を貸せばお互いに助かります。

学校の先生の子どもの育ちそびれは有名な話です。それは、目の前にいる他所の子以上に、欲を出すからでしょう。しかし、よそ様の子どもを預かると、客観的な視点で素晴らしい教育ができるのです。

子育ては〝いい加減〟がいいのです。そして〝楽妻楽母〟を肝に銘じ、もっと肩の力を抜いて、今しかない子育ての時代を楽しんでください。

2 内なる資源探し

近年、カウンセリングの対象者で増えているのが、中高一貫校に通う生徒とその家族です。

全国で中高一貫校が急増しています。かつては、ほかとの差別化を目指すため、私立の中高一貫校が中心でしたが、近年は私立より安い学費で6年一貫教育を受けられる公立中高一貫校の人気も沸騰し、高倍率の狭き門となっています。地域のエリート校としてブランド化を目指しているのです。

しかし、そのエリート校に危うさが潜んでいます。中学入学直後から心身症状を示し、思うように登校できない生徒が後をたちません。それは、これらの学校がスタートする時から背負わされた、重い十字架によるものなのです。

母親たちが語ってくれました。「入学式のその日から、大学進学率の話なんです」「学校そのものが、有名国公立、私大にどれだけ進学させるかというプレッシャーを背負っているので、先生たちが強いストレスを感じていて余裕がありません」「分からせようとする余り、子どもに〝寄り添うスキル〟がないんです」「自分たちは選ばれたエリートだという意識が強くて、弱者には冷たい気がします」「塾にも通わせないとついていけません。授業も8時間もあります」

私立中高一貫校では、1割前後がリタイアするといわれています。

学校全体が学力競争は当り前という、弱肉強食の思想に支配され、一人ひとりの子どもたちの内なる思いを分かろうとする、学校にとって最も大事な共感力が欠如しているのでしょう。生徒たちが学校にとって、有名大学への進学率を高めるための駒でしかないとするなら本末転倒です。

公立中高一貫校の中学一年の女子生徒は語ります。「小学4年から好きな習い事もやめて、ずっと進学塾通いでした。家族旅行も、友達との遊びも制限され、ひたすら勉強してきました。合格してほっとする間もなく、能力別のクラス分けのためのテストに始まり、テスト漬けの毎日です。クラスのほとんどが塾にも通っています。家から遠いこともあり、体力的にもきついです」

ゴールについたと思ったら、ゴールはどんどん先に動いていきます。これでは、エンドレスな闘いであり、思春期の心身は壊れて当然です。

ブランド力の高い有名国公立、私大へのパスポートを手に入れるためには、小学生の高学年から、し烈な競争を強いられます。これは、本当に必要なことなのでしょうか。

小学校の四年生から六年生の時期は、前思春期と呼ばれる年代で、心身ともに激しく変化するため、最もストレスに弱い年代です。その時期に子どもの発達レベルを無視して、人生最大のストレスを与えるのだから、子どもたちの心身が大きなダメージを受けるだけでなく、その後の人生にも大きな後遺症を与えるだろうことは、想像に難くありません。

私立の中高一貫校に通わせた場合、6年間で授業料をはじめとした学校教育費は約540万円、塾をはじめとした学校外活動費約170万円、合わせて約710万円がかかるとされています。

若い親たちよ、少し冷静に考えてみませんか。子どものためと言いながら、親の見栄やプライドで、子どもを追い込んではいないでしょうか。

親子で、そんな早くからエンドレスの競争地獄に身を投じ、苦しみ続けるよりは、子どもの笑顔をもっと大切にしませんか。子どもの笑顔が輝いている時が、一番興味関心のあること、自分の得意なことに取り組んでいる時間なのです。そこにこそ、子どもの未来につながる資源があり、伸ばすべき領域があるのだと気づいてください。

もっとわが子に向き合い、わが子の内なる声に耳を傾け、内なる資源を子どもと一緒に探してほしいと願っています。

3 気持ちを切り替える力

幸せを手に入れるためには、負の感情をどうコントロールするかということが重要になります。

その素晴らしいお手本がシンデレラのように現れました。プロゴルファーの渋野日向子選手です。見事な感情コントロールと笑顔で、2019年、日本人としては42年ぶりにAIG全英女子オープンで優勝を果たしました。

自然体の笑顔で現地の人々や世界のメディアの心をわしづかみにして、〝スマイルシンデレラ〟として日ごとにファンを増やしていきました。わが国でもどれだけの人があの笑顔に癒されたことでしょう。

平昌オリンピックの時のカーリング女子の笑顔を思い出した人も多いことでしょう。笑顔の生み出す力を改めて感じることができました。相手に対して笑顔を送れば相手も倍の笑顔を返してくれます。この笑顔を見ることで幸せを感じ、心がリラックスできるのです。

渋野選手はダブルボギーという致命的なミスをした時も、すぐにこれから先のホールでどう楽しむかに切り替えて笑顔を取り戻したといいます。切り替える力が実に見事です。

今までの日本人プレイヤーの多くが、ミスを犯した後に気持ちの切り替えがうまくいかず、ズルズルと負のスパイラルに落ち込んで本来の力を出せずに終わるのが常でした。

そういう意味で、渋野選手の切り替える力と、周囲を幸せにし、自分をも幸せな気分にする笑顔の作り方は、国を挙げて学ぶべき教材ではないでしょうか。

私は今まで苦戦する家族と向き合った時、まずは母親を笑顔にするために全力を挙げてきました。苦戦する家族を笑顔にするためには母親の笑顔が欠かせません。母親の笑顔は家族の栄養素でありビタミンであるからです。母親の負のスパイラルに陥った感情が、プラスの感情に切り替わった時に笑顔が生まれます。そうすればその笑顔が、凍りついていた家庭の雰囲気を溶かし始め、癒しの場へと変えていくのです。

脳は一つのことしかできないと言われています。もし負の感情が湧き上がってきた時にはそのまま流されないで、渋野選手のように楽しいイメージに切り替えてみませんか。そうすれば負の感情を一時的にせよ断ち切ることができ、負のスパイラルを阻止することができるのです。負の感情に支配されている時間をできるだけ短くすることが、幸せになるための絶対条件なのです。

〝こ〟と〝そ〟のコミュニケーション

私は苦戦する家族のカウンセリングを長く続けていますが、そこには共通する負のコミュニケーションが存在しています。

それは、否定・指示・要求・脅しが主流となっているコミュニケーションです。

「これじゃあだめよ!」「これくらいできないの!」「この程度なのね!」「こんなこともできなきゃ未来はないわ!」「こうしなさい!」「こうするべきよ!」「このやり方が絶対なの!」「この成績はいったいどうなってるの!」「これでおしまいね!」などの〝こ〟で始まる言葉には、否定・指示・要求・脅しのニュアンスが強く含まれます。

この負のコミュニケーションでは、家族を笑顔に幸せにすることはできません。

家族は知らず知らずのうちにすれ違い、心の溝を深くしていくでしょう。苦戦する家族は一日で出来上がるものではないのです。この負のコミュニケーションが積み重なった必然の結果なのです。

一方、〝そ〟で始まるコミュニケーションは、「それ、いいね!」「そうだね!」「そうそう!」

「それがいいよ！」「そのやり方でOK」「それでやってみよう！」「そうなるといいね！」「そのままで十分！」「そばにいるから心配しないで！」などなど、肯定・受容・共感・応援というプラスのメッセージが多く含まれます。

私は母親たちに、家族を幸せにしたければ、〝こ〟が中心の言葉をしばらく封印して、〝そ〟で始まる言葉に切り替えるようにアドバイスしています。否定・指示・要求・脅しの言葉を直に耳にするのは自分自身です。これでは、自分の気持ちをハッピーにすることはできません。笑顔を失っていく原因はそこにあるのです。

この切り替え効果は絶大です。母親が意識的に〝そ〟の言葉を増やしていくと、子どもに笑顔が戻り、思春期の子どもとの会話も成立するようになるし、夫婦の冷え切った関係も改善するのです。

不登校でひきこもっていた高校生が、母親のコミュニケーションの切り替えによって、不登校から抜け出すことができたという、いくつもの嬉しい報告を受けています。

〝こ〟は自分主体であり、〝そ〟は相手主体であると言えるでしょうか。

コミュニケーションの切り替えが幸せを生み出し、うつをはね返す力になるのです。

5 七味唐辛子を遠ざける

苦戦する家族が笑顔を取り戻してくれることを願って、そのトリセツ（取扱説明書）づくりのお手伝いをしています。

そのお手伝いに少しでも役立つものがないかと、新聞や雑誌の記事に目を凝らしていますが、そんな時に〝これは役立つ〟〝こんな情報がほしかったんだ！〟というような記事に出会うことができると、宝ものを見つけたような幸せな気分でいっぱいになります。

そんな文章の一つを、企業小説の名手である江上剛さんの書籍の中に見つけました。

〝あなたの人生には七味唐辛子が待つ〟というものであり、七味の中身が面白いのです。

江上さんの言う人生を暗くする七味とは、〝うらみ〟〝つらみ〟〝ねたみ〟〝そねみ〟〝ひがみ〟〝やっかみ〟〝いやみ〟という否定的な感情です。

この七味に支配されていては、自らを孤立化させ、不幸を呼び込むことになるでしょう。

人生を暗くし不幸にするのが〝七味唐辛子〟ならば、幸せになるためには、この〝七味唐辛子〟

を遠ざければいいのです。

私も若い頃にはこの七味に支配され、自分を苦しめ職場でもストレスを溜めていた時期がありました。

健康を害して自分への気づきが深まったことによって、この七味の支配から解放され、〝あしたあおうよ〟に少しずつ移行することができたのです。

あ……ありがとう
し……幸せ
た……楽しい
あ……愛してる
お……おかげさま
う……嬉しい
よ……よかった

〝あしたあおうよ〟を心がけるようになってから人生は明るくなり、多くの人に恵まれるようになりました。

七味唐辛子の持ち主では周囲からは敬遠されてしまいます。周囲の人はその人に気を使うことによって、気疲れしたり気がすり減ったりと、気を吸い取られ奪われてしまうからなのです。こんな人のそばには寄りたくないと思うのは当然のことではないでしょうか。

逆に〝あしたあおうよ〟の人からは気を分けてもらうことができ、心に灯がともるのです。日常生活の中で〝七味唐辛子〟を遠ざけて〝あしたあおうよ〟に近づく努力をすれば、自分を元気にするだけでなく、周囲の人々をも元気にすることができるはずです。

6 I am OK!

近くの自然公園をウォーキングすることを日課にしていますが、近年の秋は紅葉とは違う枯れ始めた樹木が目につくようになりました。

沖縄でナラの木が枯れるナラ枯れという現象が広がっていると耳にしましたが、病害虫だけでなく、夏の暑さの後遺症ではないかと痛ましく思っています。それくらい年々夏の暑さは異常になっているように感じます。

人も公園の樹木も自然環境の影響を受けるという点では同じです。その後遺症が秋になって出てくるのではないかと心配していましたが、その不安が的中したようです。

新型コロナウイルスが蔓延して以降、秋頃に子どもたちの小児科の受診が増えていると聞きます。熱もなく元気ではあるが、頭痛や吐き気などの症状が目立つとのことです。おそらくストレスから来る自律神経の乱れでしょう。

春先・新年度からのコロナ禍でのストレスに加え、異常の夏を乗り越えるために、心身のエネルギーを消耗したのではないでしょうか。

本来エネルギッシュであるはずの子どもたちが体調を崩しているとすれば、高齢者はなおさらです。

私も心身の不調を抱えていた時期がありましたが、やっとの思いで脱することができました。改めてストレスが心身に与えるダメージについて考えさせられました。

快眠・快食・快便・快歩の四快を自分の健康の基準にしていますが、この四つがすべて損なわれてしまったのです。生きる自信も失いかけてしまいました。

その心身の絶不調から抜け出すために、私が取り組んだ方法の一つを紹介します。

日差しを浴びることでセロトニンの分泌を促すことが一番ですが、当時不調だった時期は日照時間が少なく、日差しの力を借りることがなかなかできませんでした。

そこで取り組んだのが、自分の中でほんのちょっぴりでも嬉しかったこと、達成できたこと、前進できたこと、変化が感じられたことを書き出し、最後にI am OK! と書き加え、その上で声に出して読んでみるという方法です。

「朝、早めに起きることができた」

「食事の量が増えた」

「ベッドメイクができた」
「少しストレッチができた」
「庭先の花をきれいだと思った」

書き出してみると、小さな変化が見えてきます。大きな変化はこの小さな変化から始まるのです。この小さな変化を大きな喜びとすることが大事なのです。この時に幸せホルモンであるセロトニンがストレスによって傷ついた心と身体を癒し、冬の寒さに向かおうとするエネルギーを蓄積させてくれるのです。

秋というのは年度初めからの疲れが出やすいものです。子どもも大人もこの時期の無理は禁物です。夏の疲れを癒しながら、コロナをはじめとしたストレス要因に向き合う時間にしてほしいと願っています。

Ｙｏｕ ａｒｅ ＯＫ！ Ｉ ａｍ ＯＫ ｔｏｏ！

こんな方法もオススメ！

日々の変化を数値化する

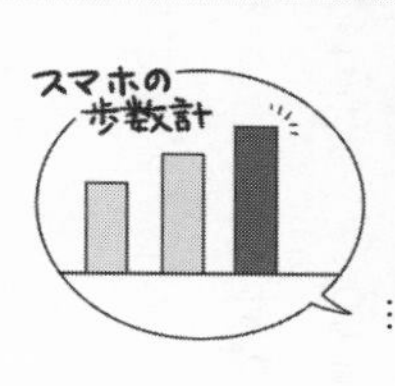

五感に気持ちの良いことをする

コーヒーの
香りをかぐ

ゆ〜っくり
さするのが
ポイント！

笑顔をつくる

口角を上げて
笑顔をつくり
親指を突き出し
「グー！」と
声を出してみる

幸せ探し偏差値

長年カウンセリングを続けてきましたが、春先になると、嬉しい報告が相次ぎます。

かつて不登校となったわが子が、大学・専門学校・海外留学・ボランティア活動と、その進路はさまざまですが、新しい進路を手に入れて元気に巣立っていったという喜びの報告です。まさしく希望の春と言えるでしょう。

かつて、心身ともに疲れ果て、笑顔を失って私の前に現れた母親たちの姿を思い出します。私は母親たちの苦悩に共感しつつ、「子どもを変えようと思わないこと！　あなたが笑顔を取り戻せば子どもは必ず元気を取り戻せる」と伝え続けました。

〝子どもは親の鏡〟母親が変われば必ず子どもは変わります。母親が変わるために必要なこと、それは、小さな幸せを見つける能力を高めることです。苦戦している母親たちは、学校時代の学力偏差値は高かったようですが、幸せ探し偏差値が低い点が共通していたように思います。

母親が幸せな気分でいると、母親から放たれる気（オーラ）は明るくやわらかなものになり、穏やかな気分が家の中にも広がっていきます。大人も子どもも笑顔の人のそばでは、リラックスしたコミュニケーションを展開することができるのです。

逆に母親がピリピリしていると、一緒にいるだけで気疲れしてしまい、母親の存在そのものがストレス源となり、心身のチャージ率が下がってしまいます。そうなれば、子どもたちは家でも学校でも安心できる居場所を失うことになるのです。

笑顔って本当に大切です。身の回りの小さな幸せを見つける努力をすれば、幸せの種はたくさん見つかるはず。母親は自己犠牲タイプより、自分ファーストぐらいの方が子どもは負担感を感じなくていいのではないでしょうか。

今、日本の子どもたちの自己肯定感は下がる一方です。2015年の国立青少年教育振興機構の調査では、日・米・中・韓の4カ国の中で日本の高校生の自己肯定感が飛び抜けて低いことが明らかになっています。

母親が自分自身を肯定的に捉えることができれば、子どものことも肯定的に見ることができ、子どもにかける言葉も変わってくるはずです。そうすれば、子どもたちの自己肯定感も自然に上がるでしょう。今の時代に必要なのは、学力偏差値ではなく、幸せ探し偏差値なのです。

長く苦しい時代を乗り越えて、希望の春を迎えた親子に〝よく頑張ったね！〟と心からエールを送ることにしています。そしてこれらの報告に元気を得て、これからも母親たちの幸せ探し偏差値を高めるためのお手伝いに力を注ぎたいと思います。

8「幸せ めーっけ！」

私は以前、長期の入院生活を過ごしていたことがあります。退院後、入院生活のストレスから生じた自律神経の乱れを修復するために、三つのことを実践するようにしました。

一つ目は、できるだけお日様の陽ざしを浴びること、二つ目は歩くこと、三つ目はできるだけ人とおしゃべりすることです。

お日様の温かい陽ざしを浴びていると、心身のこわばりが消えていくのが分かり、「ありがたい！」と自然に言葉が口をついて出てきます。そして、ついつい歩く距離も延びてくるのです。

川のそばを歩いていると、川原に下りた親子連れがいました。ほほえましげに眺めていたら、親子のちょっと先に一本だけ菜の花が咲いています。凛とした姿が素敵だったので、この幸せをシェアーしたくて、その親子にも声をかけました。気がついてくれた子どもがにこやかに手を振ってくれ、幸せが二倍になりました。

そして、少し先へ行くと、年配の女性が何かを覗き込んでいます。私も興味を惹かれて覗いてみると、竹垣に囲まれた小さな庭の片隅に、背丈の低い一輪の黄色の花が首をもたげています。「福寿草ですね？」「ええ、そうみたい！」と言葉を交わし、「幸せのおすそ分けをいただきました」と笑顔を交わし合って別れました。

更に菖蒲園で有名な公園まで足を延ばすと、二本の見事な梅の木が目に入ります。細い枝を空まで伸ばし、そこには純白の花があふれんばかりに咲き誇っており、その発するエネルギーに圧倒されました。

その二本の梅の木の間にベンチがあり、若い母親がスマホをいじっています。その周りを二人の幼い兄弟が楽しげに走り回っている光景は、あの黒澤明監督の映画〝夢〟を彷彿とさせてくれました。まさに〝幸せ めーっけ！〟です。

その幸せついでに、私は今まで体験したことのない行動にチャレンジしてみることにしました。それは、二本の梅の木の巨木をそれぞれに抱きしめることです。思い切って抱きしめてみると、木のぬくもりが伝わってきて、何か内側からエネルギーが湧いてくるような気がしました。梅の木の持つエネルギー、いわゆる〝気〟というものを分けてもらったのかもしれません。幸せな気分が全身を満たして、自分の心と身体が確実に回復し始めている手応えを感じた瞬間でした。

幸せは見つけようとする者に訪れるといいます。

〝辛い〟と〝幸せ〟の字画は上に一本の横線があるかなしかの違いでしかありません。

幸せの種はいつでもどこにでも転がっています。みなさんには、この一本の線を加えることのできる幸せ探しの達人になってほしいと願っています。

9 コンプリメント

カウンセリングの大事な技法の一つに、コンプリメントがあります。

カウンセラーの相談者に対する労いや励ましの言葉であり、この言葉で安心感や承認欲求を満たし、スムーズにカウンセリングを展開することができます。

「一生懸命頑張ってこられたのにお子さんが学校へ行けなくなったのは、本当にお辛いですね」

「家族と気持ちがすれ違うと、本当に悲しくなりますね」

「一人で問題を抱え込んで出口が見えないと、正直、生きることをやめたくなることもありますよね」

などなど、コンプリメント次第で相談者の心がほぐれ、心が開くのです。

コンプリメントは、カウンセリングの場所だけでなく、あらゆる場所で応用することができます。

「毎日の送り迎えお疲れ様です。私たちもお母さんの笑顔に元気をいただいています」

保育園の門前では、こんなコンプリメントが展開されていることでしょう。

「お仕事のお休みを取るのはきっと大変だったろうと思いますが、保護者会にこんなにたくさんお集りいただいて、心から感謝しています」

子どもの学校で、こんなコンプリメントがあるだけで、上司に頭を下げて必死に時間を工面した苦労も報われるというものです。

「お父さんが早く帰って来てくれて、子どもたちも大喜びだったわ。本当に助かる。上司の方にもくれぐれもよろしく伝えてね」

こんなコンプリメントは子育て中の家族を幸せにしてくれるでしょう。

「部活で疲れているのに、ちゃんと自分の食器を洗ってくれて助かるわ」

これで、思春期の親子関係も心配ないと思います。

また自分に対しても、お風呂の中で「今日も立ちっぱなしでよく頑張ったね。ご褒美にワインをご馳走してあげようっと!」

こんなふうに、一日の終わりに意識的に自分の頑張っていることを声に出してコンプリメントしてあげるとハッピーホルモンと呼ばれるセロトニンが分泌して、自分を内側から元気にすることができます。心身の免疫力が回復して、翌朝の目覚めもすっきりするはずです。

それができたら家族の頑張っているところもコンプリメントしてあげましょう。

コンプリメントは、トレーニングするとどんどんうまくなります。それは、コンプリメントによって相手の笑顔という報酬が得られるからです。この笑顔こそ、自分を幸せにしてくれるビタミンなのです。

しのびよる〝うつ〟に負けないために、もっともっと気持ちを言葉にしましょう。

〝家族だから言葉にしなくても分かり合えるはずだ〟これは大きな間違いです。

家族だからこそ、お互い言葉をけちることはやめましょう。

愛情も感謝の気持ちも、最も大切な人には言葉で伝えましょう！

「ありがとう」「おかげさま」はコンプリメントの両輪。家族にしのびよるうつをはね返す奇跡の言葉と言えるでしょう。

エピローグ　～虹の朝～
ただいま～
あれ～
お母さん寝てる
zzz…
た
ただいま…
あれ!? お父さん! 桜も!
!
今日帰り早いじゃん! しかも桜のお迎えも!
明恵の誕生日だから…
え～いいじゃん～
ん。
なんかすごく長い夢を見てたような…
もうこんな時間!? 保育園迎えにいかなきゃ…!
お父さんが迎えに行ってくれたよ!
ええっ!? 仕事は!?
今日は早く終えられたから…
わ～ん!
えっ… いつもこれくらいに帰ってきてくれればいいのに…
もやっ…
お互いにコンプリメントを…
はっ…

あ……
ありがとう！
早く帰ってきてくれて
すごく嬉しい！
お迎えにも行って
くれて助かったよ！
仕事終わりに
大変だったでしょ？
……これ
誕生日…
えっ…!?
お母さん！
あたしからも
お誕生日
おめでと！
じわっ
うっっわ～～～ん
ありがと～～!!
あわわ
今日は
ケンカが
聞こえない…

……
感謝や気持ちを言葉で…
そういや森先生どこにいったんだろ
……………
あゆみのプレゼント
お父さん
あゆみ
博…
桜
おはよ〜
ふぁ〜
Zzz
お母さんまたソファで寝てる!?
どんだけ疲れてんの
も――風邪ひくよ…

何これ…メモ？
あゆみ
しっかり者で優しい子。
自分できちんと考えられる
頭のいい子。
新しい環境できっと辛い
こともあったんだろうけど、
乗り越えていてすごい！
おはよ
……！
何見て…
お父さんこれ見て！
お父さん
仕事ほんとに頑張ってる。
誕生日も結婚記念日も
覚えててくれた。
あと今日お迎え行ってくれた
のがほんっとに助かった！
夜ちゃんとゆっくりできた…
お花も嬉しい。
…………
博〜〜〜
だだだっ
博、起きてる？
ちょっと見てほしいものがあるの!!
……

お母さんがね
なんか知らないけど
わたしたちの良いところ
書いてくれたの！
俺の良いところなんて
ないよ…
博のことも
書いてあるよ！
ドアの下
入れとくから
見といてよ！
博
この前博の友達が
訪ねてくれた時
本当に心配してくれてた
いい友達がいるのは
博が友達思い
だから
自分で決めたら
最後までやり遂げる
集中力がすごい！
授業で描いた絵
今でもとってあるよ
ものづくりのセンスがある
……

今でもとってあ
ものづくりのセンス
ある
学校にいってなくても
家にいてくれている
生きててくれている
ありがとう
寝坊しちゃった！
朝ごはん作らなきゃ！
お母さん！
今日は土曜日だよ！
あ！
博！
……
これ
ありがと…
…お腹
減ったから
朝ごはん
食べたい
今作るね！
ちょっと待ってて
あら嬉しい
ありがと！
お母さん
あたしも
手伝う！

みんな揃って朝ごはんなんて久しぶりだね！
今年のドラフト〇〇球団の1位指名は小川瑠偉！
続いてはスポーツです
高卒ルーキーの活躍に注目です！
あ
小川瑠偉だスゲー…
この子通信制高校らしよ！
えっそうなの
あたしの友達小川瑠偉と同じ高校なんだって
毎日行かなくてよくて、自分のペースで通えるって言ってたよ
へー！
へぇ…それいいな…
通信ってヤンチャな子が多いんだろ？
全然！あたしの友達のとこはすごく落ち着いてるって！
偏差値とかどうなんだ？
入試は面接と作文重視だって
大学受験対策もしてくれるって！学び直しも！
ここ野球部ある！
ここはeスポーツが強いんだって！
色々やりたいことできそうね！
いやいやeスポーツってゲームだろ…？大丈夫なの？

お父さん
そのゲーム
俺もやってるよ
えっ…
…。
あはははは!!
なんだよ～
でも通信制高校って
こんなに色々
あるんだな!
……
博
ん?
急ぐこと
ないからね
休んで
いたって
いいし
戻りたく
なったら
戻ればいいし
居場所は
たくさん
あるからね
うん!
これからも
きっと色々
あるんだろう
でも少しだけ
気が楽になった
気がする
私も家族も
今のままで十分
頑張ってる
ですよね
森先生!

おしまい

あとがき

今、世の中は、三年前とは大きく変わってしまいました。
ずるずると長引くコロナだけでなく、ウクライナの悲惨な状況もいまだ終わりが見えず、更に物価高が追い打ちをかけて、わが国ではあらゆるところでうつ的気分が広がるばかりです。

それでも発想を変えれば、しのびよるうつをはね返す手立てはいっぱいあると信じて、今だからこそこの本を世に出させていただきました。
ストレスまみれのわが国で、すべての家族から笑顔が消えないように、この本が苦戦する家族の一助になってくれることを願ってやみません。

出版にあたり、学びリンク編集部の小野ひなたさんには適切なアドバイスをいただき、長谷川晴香さんには今回も今までのシリーズ同様、かわいらしいイラスト・マンガを描いていただきました。お二人には心より感謝申し上げます。

二〇二二年　二月

『家庭にしのびよるうつに負けない！
〜悩めるママとカウンセラーの家族をみつめる旅〜』

主な参考文献

- 厚生労働省　1世帯当たり平均総所得金額の年次推移
- OECD対日経済審査報告書 2017年版
- 厚生労働省　2021年　国民生活基礎調査の概況＞末子の年齢階級別にみた母の仕事の状況の年次推移
- 内閣府　男女共同参画白書 令和3年版 ＞ 第1節　就業をめぐる状況
- 厚生労働省　令和2年（2020）人口動態統計（確定数）より
- 厚生労働省　令和2年簡易生命表「寿命中位数等生命表上の生存状況」
- 厚生労働省　健康寿命の令和元年値について
- 国立研究開発法人　国立成育医療研究センター「人口動態統計（死亡・出生・死産）から見る妊娠中・産後の死亡の現状」
- 厚生労働省　令和2年度雇用均等基本調査
- 厚生労働省　男性の育児休業取得促進等に関する参考資料集
- 文部科学省「不登校に関する実態調査」〜平成18年度不登校生徒に関する追跡調査報告書〜
- 文部科学省「令和3年度児童生徒の問題行動・不登校等生徒指導上の諸課題に関する調査」
- 文部科学省「子供の学習費調査　平成30年度」
- 文部科学省「令和元年度 私立大学等入学者に係る初年度学生納付金 平均額（定員1人当たり）の調査結果について」
- 内閣府　平成26年版　子ども・若者白書（概要版）＞特集　今を生きる若者の意識〜国際比較からみえてくるもの〜
  （1）自己肯定感　（6）自らの将来に対するイメージ
- 厚生労働省　平成28年度全国ひとり親世帯等調査結果報告
- 文部科学省「令和元年度 通級による指導実施状況調査結果について」
- 国立青少年教育振興機構　「高校生の生活と意識に関する調査報告書ー日本・米国・中国・韓国の比較ー」2015年8月

\\ 学びリンクの本 //

森薫の家族支援シリーズ

未来に輝け！　スペシャルタレントの子どもたち
〜不登校・ひきこもりの解決方法〜

不登校やひきこもりなどで苦戦する子どもの心と気質の解説書。
一人ひとりがもつ才能『スペシャルタレント』を輝かせる道をさがしましょう。

定価：1540円（税込）／ ISBN：978-4-902776720

子どもと夫を育てる「楽妻楽母」力
〜不登校・引きこもり・夫婦のすれ違い、すべて解決！〜

頑張りすぎない、肩の力を抜いた新しい母親像を目指しましょう。
“楽妻楽母”は“良妻賢母”とは少し距離を置いた自然体の母親像です。

定価：1540円（税込）／ ISBN：978-4-902776904

不登校・ニート・ひきこもりの家族に贈る
気持ちを切り替える力［レジリエンス］

我が子の苦戦で悩む母親に向けて、うつうつとした“うつ的気分”を明るく前向きな気分へと切り替える具体的な方法をイラスト付きで紹介。

定価：1320円（税込）／ ISBN：978-4-908555121

不登校・ニート・引きこもり
家族が変わるとき

膨大なカウンセリング経験から、特に顕著な31の事例について解決策を提示。実際のカウンセリング場面を著者と相談者の会話形式で分かりやすいアドバイスがつづられています。

定価：1320円（税込）／ ISBN：978-4-908555312

森薫のオンラインカウンセリング

あなたが不安になって立ち止まった時に不安をしっかりと受け止め、共感を示しながら、一緒になって解決策を考えます。一人で抱え込まず、お気軽にご相談ください！

【お申し込み方法】
下記URL、または右のQRコードよりアクセスいただき「お申し込みはこちら」よりご希望の相談日をご予約下さい。ZoomのURLを発行しメールでお送りいたします。

【料金】 初回：無料 / 2回目以降　1回50分：10,000円

https://manabilink.co.jp/consultation/zoom.php

家庭にしのびよる“うつ”に負けない！
～悩めるママとカウンセラーの家族をみつめる旅～

2023年1月29日　初版第1刷発行

著　者　　森 薫
発行人　　山口 教雄
発行所　　学びリンク株式会社
〒102-0076　東京都千代田区五番町10　JBTV五番町ビル2階
電話03-5226-5256　FAX 03-5226-5257
ホームページ　https://manabilink.co.jp
ポータルサイト　https://stepup-school.net

印刷・製本　株式会社 シナノ パブリッシング プレス
表紙デザイン　西村 莉子（株式会社 日新）
本文デザイン・マンガ・イラスト　長谷川 晴香（学びリンク）

ISBN 978-4-908555-62-6